MANUEL

DU

SERVICE SANITAIRE

RECUEIL

DES RÈGLEMENTS ET INSTRUCTIONS

SUR LA POLICE SANITAIRE

EN FRANCE ET EN ALGÉRIE

PAR E. DE LIMAGNE.

Paris

IMPRIMERIE DE SCHILLER AÎNÉ,
11, rue du Faubourg-Montmartre, 11.

1856

MANUEL

DU

SERVICE SANITAIRE

RECUEIL

DES RÈGLEMENTS ET INSTRUCTIONS

SUR LA POLICE SANITAIRE

EN FRANCE ET EN ALGÉRIE

PAR E. DE LIMAGNE.

———◆◇◆———

Paris

IMPRIMERIE DE SCHILLER AINÉ,
11, rue du Faubourg-Montmartre, 11.

——

1856

POLICE SANITAIRE.

CHAPITRE Ier.

Législation.

Créée en 1822, l'organisation des autorités sanitaires ne fut à peu de chose près que la généralisation do celle qui existait depuis plusieurs siècles sur le littoral de la Méditerranée, où elle s'était formée en quelque sorte d'elle-même et pouvait trouver sa raison d'être dans les institutions du pays à l'époque où elle avait pris naissance.

La peste du Levant avait été longtemps la seule maladie venant des pays étrangers, contre l'invasion de laquelle on crût devoir se garantir. De là les mesures qui, dès le commencement du xviie siècle, avaient restreint les communications de a France avec les échelles du Levant et la Barbarie, en assuettissant les bâtiments venant de ces contrées à des quaranaines dans les ports de Marseille et de Toulon, où avaient été tablis des lazarets.

Après la peste de 1720 à Marseille, le système de précautions anitaires organisé dans ce port et sur tout le littoral de la Méiterranée fut fortifié par des ordonnances royales.

Une loi du 9 mai 1793 maintint le régime en vigueur.

Ce régime reposait sur un grand nombre de dispositions, le lus souvent contradictoires. Il ne s'appliquait d'ailleurs u'aux ports de la Méditerranée et aux mesures à prendre ontre la peste. Les autres côtes de la France, les autres maadies contagieuses, ne pouvaient que difficilement y être souises.

Le besoin d'une nouvelle législation se faisait donc sentir epuis longtemps. Les ravages de la fièvre jaune en 1821 dans la Catalogne, rendirent celte nécessité encore plus impérieuse.

C'est ainsi qu'intervint la loi du 3 mars 1822, laquelle posa les principes de l'organisation du service sanitaire, et détermina les attributions des autorités s'y rattachant.

Une ordonnance royale du 7 août 1822 a réglé les diverses parties du service en exécution de cette loi.

Cette organisation consistait dans un système d'intendances et de commissions, sous la juridiction desquelles tout le littoral était placé pour l'exercice de la police sanitaire. Instituées dans les principaux ports, les intendances étaient composées de huit membres et de douze au plus (celle de Marseille en comptait seize). Ces membres étaient nommés par le ministre du commerce ; les commissions se composaient de quatre membres au moins et de huit au plus, nommés par les préfets. Des agents supérieurs des administrations de la guerre et de la marine et des douanes, étaient en outre autorisés à assister avec voix délibérative aux séances de celles de ces administrations collectives dans le ressort desquelles ils étaient employés. Le personnel des intendances et des commissions était renouvelé tous les trois ans par moitié, et les membres sortants pouvaient être réélus. Les commissions étaient, en général, placées sous l'autorité des intendances ; quelques-unes seulement relevaient des préfets.

Un arrêté du commandant en chef de l'armée d'occupation, d'Afrique (duc de Rovigo) et du conseiller d'État, intendant civil (baron Pichon), en date du 25 avril 1832, organisa le régime sanitaire de l'Algérie d'après les bases posées dans la loi et l'ordonnance susmentionnées.

Puis, une décision ministérielle du 2 février 1845, divisa en trois classes, en raison de leur importance, les ports sanitaires de l'Algérie.

Trois commissions siégeant à Alger, Oran et Bone exerçaient la police sanitaire. Chacune d'elles était composée de huit membres nommés par les préfets et choisis parmi les principaux négociants de la ville, où siégeait la commission. Le maire présidait.

Des agents supérieurs de la guerre, de la marine et des douanes étaient autorisés à assister aux séances avec voix délibérative. Cette disposition étant simplement facultative, la police sanitaire était par le fait confiée presque exclusivement aux huit membres nommés par le préfet, c'est-à-dire à huit personnes indépendantes de son administration.

Il y avait un président semainier outre le président d'office.

Un conseil supérieur de santé composé des principaux fonctionnaires de l'Algérie existait auprès du gouverneur général. Ce conseil était purement consultatif et ne se réunissait que rarement.

Sous les ordres des commissions sanitaires se trouvaient

placés les capitaines de santé et les agents secondaires du service.

Les emplois de capitaines de santé étaient confiés dans les ports de 1re et de 2e classe à des agents ayant appartenu à la marine militaire ou marchande, et dans les ports de 3e classe, ces fonctions, aux termes d'une décision ministérielle du 9 avril 1846, étaient exercées cumulativement avec celles de capitaines des ports de commerce par les officiers de la marine de l'État, directeurs en même temps du port militaire.

Un lazaret, avait été installé en 1847 à Alger et sa direction avait été confiée à un agent spécial désigné sur la demande du ministre de la guerre, par le ministre du commerce.

Telle était l'ancienne organisation du service sanitaire en Algérie, et dont le premier défaut se trouvait précisément dans le système des administrations collectives. Appliqué au régime sanitaire, ce système ne pouvait être et n'a été qu'une fiction, et c'est cela qui en a rendu les inconvénients moins sensibles en France comme dans nos possessions d'Afrique. On comprenait très bien que les membres des intendances et des commissions ne pouvaient guère se réunir chaque jour au détriment de leurs affaires pour s'occuper gratuitement d'un service public. Aussi, l'ordonnance du 7 août 1822 déférait-elle ce soin à un *président semainier*. Mais ce renouvellement si fréquent faisait perdre tout esprit de suite, dans l'application des mesures sanitaires. Les employés rétribués concentraient par le fait entre leurs mains l'action administrative, formant ainsi au-dessous des intendances une hiérarchie permanente et n'ayant aucune responsabilité de ses actes.

Cet état de choses était contraire aux principes d'une bonne administration. Il convient, en effet, en matière sanitaire comme dans tout service public, que l'exécution des lois et règlements soit confiée à des fonctionnaires, à des agens spéciaux relevant de l'administration centrale et placée sous son autorité.

Une considération d'un ordre plus élevé commandait d'ailleurs l'abandon d'un pareil régime.

La question sanitaire, la question des quarantaines se lie trop étroitement aux intérêts généraux du pays et de la santé publique, pour pouvoir être subordonnée à des intérêts de localité.

Il est en outre à considérer que les précautions sanitaires n'ont pas exclusivement pour but la préservation de la santé publique; elles peuvent, dans certaines circonstances, être dictées par l'intérêt de notre commerce maritime et de nos relations internationales. Nous sommes, à la vérité, parfaitement libres d'accorder aux navires qui abordent dans nos ports toutes les facilités que nous jugeons sans péril pour l'état sanitaire de notre pays; mais nous ne pouvons contraindre les autres nations à partager notre sécurité. Nous sommes donc obligés de tenir compte de leurs susceptibilités, de leurs opinions, de leurs préjugés même, pour ne pas exposer notre marine marchande à être repoussée des ports étrangers ou à y subir des quarantaines qui lui causent un préjudice considérable, et, sous ce point de vue, il est également de la plus haute importance que l'application des mesures adoptées par le gouvernement ne puisse pas être entravée par la résistance d'intérêts de localité.

D'un autre côté, c'est surtout dans les villes du littoral, dans nos ports, que l'application des mesures sanitaires soulève des questions délicates, imprévues, et dont cependant la solution ne saurait être ajournée. Il pourrait y avoir de sérieux inconvénients à abandonner à un seul agent la décision de ces questions, dans lesquelles la plupart du temps des intérêts de plusieurs ordres se trouvent engagés. Il était donc indispensable qu'à côté de chaque fonctionnaire chargé de faire exécuter les lois et règlements sanitaires, il y eût une commission locale aux lumières de laquelle il pût recourir dans les circonstances graves, et qui, dans le cas d'urgence, pût arrêter, au moins provisoirement, les résolutions à prendre.

Telles sont les principales considérations qui ont inspiré le décret du 24 décembre 1850, dans lequel on s'est appliqué constamment à concilier les droits de l'autorité avec ce que les prétentions des populations du littoral peuvent avoir de légitime, avec ce que leurs susceptibilités peuvent avoir de respectable.

En même temps que le gouvernement procédait à la réorganisation du régime sanitaire en France, il prenait l'initiative d'un projet de conférence entre les délégués des diverses puissances qui ont des possessions ou des intérêts importants dans la Méditerranée, conférence dans laquelle on devait poser les bases d'un système sanitaire uniforme pour tous les ports de cette mer. Après de longues négociations, cette proposition du gouvernement français a été favorablement accueillie par les puissances étrangères, et une conférence, à laquelle ont pris part les délégués de douze puissances, la France, l'Autriche, les Deux-Siciles, l'Espagne, les Etats-Romains, la Grande-Bretagne, la Grèce, le Portugal, la Russie, la Sardaigne, la Toscane et la Turquie, fut ouverte à Paris en 1851. Toutes les questions que pouvait soulever l'établissement d'un nouveau régime sanitaire furent abordées et mûrement discutées dans cette conférence où figuraient en même temps des médecins distingués et des consuls particulièrement chargés de soutenir les intérêts communs de leur pays.

Une convention internationale fut signée et promulguée par le décret du 27 mai 1853. Un décret ultérieur du 4 juin de la même année eut pour objet d'assurer l'exécution de cette convention.

L'Algérie, par l'étendue de son territoire et le développement de ses côtes, qui ne comptent pas moins de 100 myriamètres, était aussi intéressée que la France à instituer d'une manière régulière, sur tous les points de son littoral, le ser

vice des quarantaines et lazarets. Aussi, à la date du
12 août 1854, l'Empereur signait à Biarritz, sur le rapport des
deux départements de la guerre et du commerce, un décret
qui étend à la colonie le bénéfice des règlements sanitaires et
de la convention internationale. Ce décret établit d'abord que
les attributions dévolues en France au ministre de l'agriculture,
du commerce et des travaux publics, par les décrets des 24
décembre et 4 juin 1853, seront exercées en Algérie par le ministre de la guerre. Il détermine ensuite la composition des
conseils sanitaires pour l'Algérie.

Enfin, l'article 4 de ce décret porte que le service sanitaire
de l'Algérie sera ultérieurement reconstitué, quant à son personnel administratif rétribué par des arrêtés du ministre de la
guerre.

Conformément à cette dernière disposition, un arrêté ministériel, en date du 23 mars 1856, promulgué le 8 mai suivant,
a réorganisé le personnel sanitaire de la colonie. Aux termes
de cet arrêté, les ports de l'Algérie forment trois circonscriptions sanitaires correspondant aux trois provinces, et dont les
chefs-lieux sont établis à Alger, Oran et Bône ; les ports sont
répartis en trois classes.

Le cadre du personnel administratif du service sanitaire comprend :

Trois agents principaux portant le titre de directeurs de la
santé, résidant à Alger, Oran et Bône.

Quatorze agents ordinaires portant le titre de capitaines de la
santé divisés en deux classes, savoir :

Cinq de première classe,
Neuf de seconde classe.

Vingt-quatre gardes de santé, dont un garde principal, divisés en deux classes, savoir :

Huit de première classe,
Quinze de seconde classe.

Un concierge au lazaret d'Alger.

Trois secrétaires attachés aux conseils de santé des circonscriptions d'Alger, d'Oran et de Bône.

Les directeurs de la santé des trois circonscriptions sanitaires
d'Alger, d'Oran et de Bône sont placés sous les ordres immédiats des préfets ou sous-préfets, présidents des conseils sanitaires.

Dans tous les ports de deuxième et de troisième classe, les
capitaines de la santé sont placés sous les ordres de l'autorité
civile ou militaire administrant la localité. Ils reçoivent des
instructions directes du directeur de la santé de leur circonscription.

L'article 7 de l'arrêté ministériel du 23 mars 1856 porte que
deux lazarets seront institués ultérieurement à Arzew et à
Bône, et qu'il sera pourvu à la création de leur personnel.

L'article 8 dispose enfin que les agents supérieurs et ordinaires du service sanitaire de l'Algérie seront choisis, autant

que possible, les premiers parmi les capitaines de la santé en fonctions dans les principaux ports de l'Algérie ;

Les seconds, dans le cadre du service actif continental, ou parmi les officiers de marine retraités ou anciens capitaines au long cours et anciens agents du service sanitaire.

Ces dispositions diffèrent des règlements métropolitains, en ce que les fonctions de directeur de la santé ne sont pas confiées à un agent choisi dans le corps médical, comme l'indique l'article 102 du règlement sanitaire international.

On avait pensé d'abord que ces fonctions pourraient être remplies par des chirurgiens de la marine attachés aux ports militaires de l'Algérie. Un nouvel examen de la question a porté l'administration à abandonner cette combinaison. Le département de la marine n'a pas de chirurgien à Bône, et ceux qu'il entretient dans les ports d'Alger et d'Oran n'y font tout au plus qu'un séjour de deux ans. Ces mutations fréquentes n'auraient pu satisfaire les exigences du service sanitaire, qui demandent une longue pratique et une connaissance approfondie des règlements sur la matière.

Le seul moyen qui se conciliât avec les exigences du service et le mode de recrutement du personnel administratif de l'Algérie était de placer, comme on l'a fait, à la tête du service de la santé des agents pris dans le sein même du service sanitaire métropolitain ou colonial.

Quant aux agents ordinaires qui, en France, sont choisis dans le personnel des douanes, cette combinaison ne pouvait être adoptée pour l'Algérie, attendu qu'il n'existe dans les ports secondaires de la colonie que des employés des douanes d'un grade peu élevé, lesquels n'auraient pas l'autorité nécessaire pour remplir les fonctions de capitaines de la santé ou de lazaret. Ce personnel d'agents ordinaires ne pouvait donc être choisi, comme le porte l'arrêté, que parmi les officiers de marine retraités ou anciens capitaines au long cours, ou agents du service sanitaire retraités qui justifient des connaissances et de l'aptitude nécessaires pour remplir des fonctions d'une nature aussi délicate.

Des gardes de santé à traitement fixe ne sont maintenus, conformément aux dispositions de l'arrêté du 23 mars 1856, que dans les principaux ports de l'Algérie où le mouillage permet la quarantaine, ainsi qu'à la Calle pour la police sanitaire des bateaux coralleurs.

Dans les autres ports on a recours, suivant les exigences du service comme cela, du reste, se pratique en France, à des gardes auxiliaires et canotiers rétribués à la journée.

Le ministre de la guerre nomme les agents principaux et ordinaires. Les agents secondaires et auxiliaires sont nommés par le gouverneur général de l'Algérie, sur la proposition des préfets.

Les directeurs de la santé des circonscriptions d'Alger et d'Oran sont placés sous les ordres immédiats du Préfet de leur département, président du conseil de santé. Le directeur de la santé de la circonscription de la province de Constantine dont la résidence, comme celle du conseil est à Bône, se trouve placé sous les ordres du sous-préfet président du conseil sanitaire. Un capitaine de santé est adjoint en sous-ordre aux directeurs de la santé.

Les capitaines de santé nommés dans les ports de 2° et de 3° classe reçoivent des instructions directes du directeur de la santé de leur circonscription et sont placés sous les ordres de l'autorité civile ou militaire administrant la localité.

Par suite de l'abrogation de l'article 29 du décret du 24 décembre 1850, les conseils sanitaires n'ont leur raison d'être qu'au chef-lieu de chaque circonscription sanitaire, ainsi que le porte implicitement l'arrêté du ministre de la guerre (1); leur institution dans les autres ports serait en effet sans objet puisque le capitaine de santé qui y réside, agit sous l'impulsion du directeur de la santé.

Un arrêté ministériel en date du 17 juin 1856 a complété les dispositions qui précèdent en déterminant l'uniforme des agents principaux ordinaires et secondaires appartenant au cadre du service sanitaire de l'Algérie.

CHAPITRE II.

Décrets et arrêtés.

DÉCRET DU 12 AOUT 1854.

NAPOLÉON,
Par la grâce de Dieu et la volonté nationale, Empereur des Français,

A tous présents et à venir, salut :

Vu l'arrêté de l'Intendant civil de l'Algérie, en date du 25 avril 1832 relatif au régime sanitaire dans la colonie ;

Vu les décrets des 24 décembre 1850 et 4 juin 1853, sur le régime sanitaire en France ;

Sur le rapport de notre Ministre Secrétaire-d'Etat au département de la Guerre et l'avis conforme de notre Ministre Secrétaire d'État au département de l'Agriculture, du Commerce et des Travaux publics ;

Le Conseil de gouvernement et le Comité consultatif de l'Algérie entendus,

---

(1) Un arrêté du gouverneur général, en date du 3 octobre 1854, avait d'abord déterminé la composition des conseils sanitaires pour chaque port de l'Algérie.

Avons décrété et décrétons ce qui suit :

Art. 1er. — Le décret du 24 décembre 1850, sur le service sanitaire, et le décret du 4 juin 1853, qui a pour objet d'assurer l'exécution de la convention sanitaire internationale et du règlement intervenus entre la France et plusieurs puissances étrangères, à l'effet d'établir un régime sanitaire uniforme applicable à la navigation dans la Méditerranée, seront promulgués en Algérie pour y être exécutés, sous la réserve des modifications suivantes.

Art. 2 — Les attributions dévolues à notre Ministère Secrétaire d'État au département de l'Agriculture du Commerce et des Travaux publics, par les décrets sus-visés, seront exercées pour l'Algérie par notre Ministre Secrétaire-d'État au département de la Guerre.

Art. 3. — Les commissions sanitaires actuellement existantes en Algérie seront remplacées par des conseils composés ainsi qu'il suit :

Les préfets, sous-préfets, commissaires civils ou les autorités qui remplissent ces fonctions, présideront les conseils sanitaires au siége de leur résidence.

Feront partie de droit de ces conseils avec voix délibérative ;

1º Pour la ville d'Alger :

Le maire, le commandant de place, le chef du service des douanes de la circonscription, le commissaire de la marine, le directeur du port militaire et du commerce, l'agent supérieur de la santé.

2º Pour les villes d'Oran, de Bône et de Philippeville :

Le maire, le commandant de place, le directeur du port militaire et du commerce, le commissaire de la marine, le capitaine de santé, l'agent principal du service de la douane, l'agent supérieur de la santé.

Deux conseillers de préfecture feront, en outre, partie de droit des conseils d'Alger et d'Oran.

3º Pour les autres ports de l'Algérie :

Le maire, ou l'autorité qui en tiendra lieu, le commandant de place, le directeur du port militaire et du commerce, l'agent principal du service de la douane, l'agent supérieur de la santé.

Chaque conseil sanitaire comprendra, en outre, trois membres au moins et six au plus, selon ce qui sera décidé par le Gouverneur-Général ; ils seront désignés : un tiers par le conseil municipal, un tiers par la chambre de commerce, un tiers par le conseil d'hygiène publique de la circonscription, et, à leur défaut, par le préfet en territoire civil, et par le général commandant la division en territoire militaire.

Art. 4. — Le service sanitaire de l'Algérie sera ultérieurement reconstitué, quant à son personnel administratif, rétribué, par des arrêtés du Ministre de la Guerre, conformément aux prescriptions des décrets sus-visés et suivant les besoins de chaque localité.

Art. 5. — Notre Ministre Secrétaire-d'État au département de la Guerre est chargé de l'exécution du présent décret, qui sera inséré au *Bulletin des Lois* et au *Bulletin officiel des actes du Gouvernement en Algérie*

Fait à Biarritz, le 12 août 1854.

Signé : NAPOLÉON.

Par l'Empereur :

Le Maréchal de France, Ministre Secrétaire-d'État au département de la Guerre,

Signé : VAILLANT.

Vu pour être promulgué en Algérie.

Alger, le 24 septembre 1854.

Le Gouverneur-Général,

Comte RANDON.

Décret annoté du 24 décembre 1850 (1).

TITRE PREMIER.

RÈGLES GÉNÉRALES DE LA POLICE SANITAIRE.

Art. 1er. — Les provenances par mer ne sont admises à la *libre pratique* qu'après que leur état sanitaire a été reconnu

---

(1) La convention et le règlement sanitaire international ont modifié quelques dispositions du décret du 24 décembre 1850, pour les ports de la Méditerranée ;

Les mêmes actes ont reproduit, soit en les développant, soit textuellement, d'autres dispositions de ce décret ;

Le décret du 4 juin 1853, les instructions et tableaux arrêtés par le ministre pour l'exécution de ce dernier décret ont encore apporté d'autres changements, soit au décret du 24 décembre 1850, soit aux tableaux qui y étaient annexés, tant pour les ports de la Méditerranée que pour les ports de l'Océan ;

Enfin, le décret du 12 août 1854, qui a rendu applicables à l'Algérie les dispositions des décrets des 24 décembre 1850 et 4 juin 1853, a encore apporté quelques modifications réclamées par l'organisation administrative de la colonie.

Il a paru utile, en reproduisant le texte du décret du 24 décembre 1850, de mettre à la suite de chaque article, les numéros des articles corrélatifs soit de la convention, soit du règlement international, soit du décret du 4 juin 1853, soit enfin du décret du 12 août 1854.

Les articles modifiés pour tous les ports sont marqués d'un astérisque (*) ; les articles modifiés seulement pour les ports de la Méditerranée sont marqués d'un double astérisque (**) ; et les articles qui ont subi des modifications dans leur application à l'Algérie, sont, en outre des indications ci-dessus, marqués d'un A.

Les trois tableaux qui étaient annexés au décret du 24 décembre 1850, se trouvent remplacés par ceux qui font suite au décret annoté.

par les agents préposés à cet effet (Art. 37 et 40 du règlement sanitaire.)

Art. 2". — Sont dispensés de toute reconnaissance, les bâtiments dénommés au tableau A ci-annexé, tableau qui pourra être, suivant les circonstances, modifié par arrêté du Ministre de l'agriculture et du commerce, le Comité consultatif d'hygiène publique établi près de son département entendu. (Art. 38 et 39 du règlement sanitaire. — Art. 2 du décret du 10 août 1854.)

Art. 3" A. — Tout bâtiment venant d'un port étranger ou d'une colonie française sera, sauf les cas d'exception énoncés au tableau B ci-annexé, porteur d'une patente de santé, laquelle fera connaître l'état sanitaire des lieux d'où il vient, et son propre état sanitaire au moment où il est parti.

Ce tableau pourra être modifié par arrêté du Ministre de l'agriculture et du commerce, le Comité consultatif d'hygiène publique établi près de son département entendu. (Art. 1er de la convention sanitaire. — Art. 2 du décret du 12 août 1854.)

Art. 4" (2). — Tout navire qui n'aura pas de patente de santé, lorsqu'à raison de sa provenance il devrait en être muni, sera tenu en réserve pour la vérification de son état sanitaire, et il pourra être soumis à une quarantaine d'observation de trois à cinq jours.

Les cas de force majeure seront appréciés par l'autorité sanitaire. (Art. 69 du règlement.)

Art. 5". — Dans les pays étrangers, les patentes sont délivrées aux bâtiments français par nos agents consulaires. Là où il n'existe pas d'agent consulaire français, les patentes doivent être demandées aux autorités du pays. (Art. 22 du règlement.)

Art. 6. — Dans les cas de relâche en cours de voyage, la patente sera visée par les autorités énoncées à l'article 5. S'il s'écoulait plus de cinq jours entre la date du visa et le départ du navire, la patente serait visée de nouveau. (Art. 34 du règlement.

Art. 7. — Les navires porteurs de patentes raturées, surchargées ou présentant toute autre altération d'un caractère suspect, seront soumis à une surveillance particulière et aux mesures jugées nécessaires, sans préjudice des poursuites à diriger, selon les cas, contre le capitaine ou le patron, et, en outre, contre les auteurs desdites altérations. (Art. 70 du règlement.)

Art. 8". — Il est défendu au capitaine :

1° De se dessaisir de la patente prise au point de départ, avant d'être arrivé à sa destination;

2° De prendre et d'avoir à bord d'autre patente que celle qui lui a été délivrée audit départ;

3° D'embarquer sur son bord aucun passager ou autre individu qui paraîtrait atteint d'une maladie pestilentielle.

Il est enjoint à tout officier de santé d'un navire, et, à défaut, au capitaine ou patron de prendre note sur le journal de bord de toutes les maladies qui pourraient s'y manifester.

— 13 —

Il leur est également prescrit de tenir note, sur ledit journal, de toute communication qui aurait eu lieu en mer, et de tout événement de nature à intéresser la santé publique. (Art. 13, 21, 32, 33 et 35 du règlement sanitaire.)

Art. 9. — En cas de décès après une maladie pestilentielle, les effets d'habillement ou de literie qui auraient servi au malade dans le cours de cette maladie seront brûlés si le navire est au mouillage, et, s'il est en route, jetés à la mer avec les précautions suffisantes pour qu'ils ne puissent surnager.

Les autres effets du même genre dont l'individu décédé n'aurait point fait usage, mais qui se seraient trouvés à sa disposition, seront soumis immédiatement à l'évent ou à toute autre purification.

Il sera fait mention, dans le journal de bord, de l'exécution de ces mesures. (Art. 36 du règlement.)

Art. 10. — Tout capitaine arrivant dans un port français est tenu :

1° D'empêcher toute communication avant l'admission à libre pratique;

De se conformer aux règles de la police sanitaire ainsi qu'aux ordres qui lui sont donnés par les autorités chargées de cette police;

D'établir son navire dans le lieu réservé qui lui est indiqué ;

4° De se rendre, aussitôt qu'il y est invité, auprès des autorités sanitaires, en attachant à un point apparent de son canot, bateau ou chaloupe, une flamme de couleur jaune à l'effet de faire connaître son état de suspicion et d'empêcher toute approche.

5° De produire auxdites autorités tous les papiers de bord ; de répondre, après avoir prêté serment de dire la vérité, à l'interrogatoire qu'elles lui font subir, et de déclarer tous les faits et donner tous les renseignements venus à sa connaissance qui peuvent intéresser la santé publique. (Art. 37 et 40 du règlement.)

Art. 11. — Peuvent être soumis à de semblables interrogatoires et obligés, sous serment, à de semblables déclarations, les gens de l'équipage et les passagers, toutes les fois qu'il en est jugé nécessaire.

Art. 12. — Doivent se conformer aux ordres et aux instructions des autorités sanitaires les pilotes qui se rendent au devant des navires pour les guider, ainsi que toutes les embarcations qui, en cas de naufrage ou de péril, iraient à leur secours.

Art. 13. — Les défenses résultant, soit du présent titre, soit des titres suivants, ne feront pas obstacle aux visites des agents des douanes, soit dans les ports, soit dans le rayon de deux myriamètres des côtes, sauf toute application que de droit auxdits agents et à leurs embarcations, si par ces visites ils perdent leur état de libre pratique.

Art. 14. — Les provenances des pays habituellement et actuellement sains sont admises à la libre pratique, immédiatement après la reconnaissance sanitaire, à moins d'accidents ou de communications de nature suspecte survenus depuis le départ. (Art. 46 du règlement sanitaire.)

Art. 15°. — Les quarantaines et les mesures particulières auxquelles doivent être soumises les provenances des pays suspects de maladies pestilentielles sont fixées, par décret, conformément à l'article 1er de la loi du 3 mars 1822.

Un tableau des quarantaines, conforme au tableau C ci-annexé, sera publié et affiché dans tous les lieux où existe une commission ou agence sanitaire. (Art. 4 de la convention. — Art. 47 du règlement.)

Art. 16" A. — En cas d'urgence, les autorités sanitaires peuvent prendre les dispositions nécessaires, qui sont immédiatement soumises à l'approbation du ministre de l'agriculture et du commerce.

Leurs décisions sont accompagnées de l'énoncé des motifs qui les ont déterminées; elles sont rendues et notifiées sans retard.

Elles sont transcrites sur un registre spécial; chacune d'elles est signée séparément. (Art. 72 du règlement. — Art. 2 du décret du 12 août 1854.)

Art. 17" A. — Les provenances des pays placés sous le régime de la patente brute ne sont admises que dans les ports ou rades spécialement désignés par le ministre de l'agriculture et du commerce. (Art. 54 du règlement. — Art. 2 du décret du 12 août 1854.)

Art. 18. — Si une maladie pestilentielle se manifeste à bord d'un bâtiment, même muni d'une patente nette, le capitaine du navire se rend dans l'un des ports désignés en vertu de l'article précédent, et s'il est forcé de relâcher dans un autre port ou rade, il est tenu en état de séquestration jusqu'à ce qu'il puisse reprendre le large.

Art. 19. — Les lazarets et autres lieux réservés sont placés sous le même régime sanitaire que les provenances qu'ils renferment ou avec lesquelles ils sont en libre communication.

Art. 20". — Les membres ou agents des autorités sanitaires ont seuls l'entrée des lazarets ou autres lieux réservés pendant la séquestration.

En cas de communication suspecte de leur part, ils sont considérés comme appartenant à la provenance avec laquelle ils ont communiqué, et ils en subissent le sort. (Art. 74, 76 et 83 du règlement.)

Art. 21". — L'entrée desdits lazarets et lieux réservés peut, en cas de nécessité, être accordée à toute autre personne, par les agents sanitaires principaux dont il sera question au titre ci-après. La permission est toujours donnée par écrit. Le permissionnaire est considéré comme faisant partie de la provenance avec laquelle il communique, et il en subit le sort. (Art. 75 du règlement.)

Art. 22. — Les autorités sanitaires déterminent autour des lazarets et autres lieux réservés placés sous leur direction la ligne où finit la libre pratique.

———

TITRE II.

AUTORITÉS SANITAIRES.

Attributions et ressort desdites autorités.

Art. 23 A. — La police sanitaire est exercée par des commissions ou des agences dont la composition et les attributions sont ci-après déterminées.

Indépendamment de ces agences ou commissions, et conformément à l'ordonnance du 18 avril 1847, et au décret du 10 août 1849, des médecins français établis en Orient, et des médecins commissionnés par le Ministre de l'agriculture et du commerce, et embarqués sur les bâtiments à vapeur, sont chargés, pour la garantie de la santé publique, de concourir à l'exercice de la police sanitaire, en ce qui concerne les provenances du Levant. (Art. 4 et 8 du règlement. — Art. 2 et 3 du décret du 4 juin 1853. — Art. 2 du décret du 12 août 1854.)

Art. 24 A. — Il y a des agents principaux et des agents ordinaires du service sanitaire. Ils sont nommés par le Ministre de l'agriculture et du commerce.

Dans chaque département maritime, il y aura au moins un agent principal, qui a sous sa direction tous les agents ordinaires du service sanitaire de la circonscription qui lui est assignée.

Dans les ports où il existe des lazarets, l'agent principal du service sanitaire prend le titre de *Directeur de la santé*.

La circonscription attribuée à chacun desdits agents est déterminée par un arrêté du Ministre de l'agriculture et du commerce. (Art. 4 et 8 du règlement. — Art. 2 et 3 du décret du 4 juin 1853. — Art. 2 du décret du 12 août 1854.)

Art. 25'. — Les agents principaux du service sanitaire sont chargés de veiller à l'exécution et au maintien des lois, décrets, arrêtés et règlements sanitaires.

Dans les ports où ils résident, ils reconnaissent ou font reconnaître l'état sanitaire des provenances, et leur donnent la libre entrée, s'il y a lieu. Ils font exécuter les règlements ou décisions qui déterminent la quarantaine et les précautions particulières auxquelles les provenances infectées ou suspectées doivent être soumises.

Des agents principaux pourvoient, en outre, dans les cas urgents, aux dispositions provisoires qu'exige la santé publique, et provoquent extraordinairement, au besoin, après en avoir donné avis au préfet ou au sous-préfet, la réunion de la commission sanitaire, dont la composition est ci-après indiquée.

Ils délivrent ou visent les patentes et bulletins de santé dans les ports où ils résident ; ils les font délivrer ou viser dans les autres ports de leur circonscription par les agents sanitaires placés sous leurs ordres.

Les directeurs de la santé sont, en outre, chargés de faire observer l'ordre et la discipline dans les lazarets et autres lieux réservés. (Art. 103 du règlement.)

Art. 26. — Font partie de droit desdites commissions avec voix délibérative :

1° Le directeur de la santé ou l'agent principal du service sanitaire ;

2° Le maire ;

3° Le plus élevé en grade d'entre les officiers généraux ou supérieurs attachés à un commandement territorial ;

4° Dans les ports militaires, le préfet maritime, le major général, le président du conseil de santé de la marine, et, dans les ports de commerce, le commissaire chargé du service maritime ;

5° Le directeur ou inspecteur des douanes, et, à défaut, le plus élevé en grade des employés dans ledit service ;

6° Dans les chefs-lieux de préfecture, deux conseillers de préfecture.

Sur tous les points du littoral où les nations étrangères entretiennent des consuls, les consuls seront invités à se réunir, au commencement de chaque année, pour désigner l'un d'entre eux qui aura la faculté d'assister aux délibérations de la commission sanitaire, avec voix consultative. (Art. 2 du décret du 4 juin 1853. — Art. 3 du décret du 12 août 1854.)

Art. 27 A. — Les commissions sanitaires renferment, en outre, trois membres au moins et six au plus, désignés par l'élection : un tiers d'entre eux est nommé par le conseil municipal, un tiers par la chambre de commerce du ressort, et un tiers par le conseil d'hygiène publique et de salubrité de la circonscription.

Les choix ne peuvent porter que sur des personnes faisant partie du corps qui les nomme, et ayant leur résidence dans le lieu où siége la commission.

S'il n'existe pas de chambre de commerce dans la localité, le conseil municipal nommera, outre les membres choisis dans son sein, un tiers des membres de la commission, choisi parmi les négociants.

S'il n'existe pas de conseil d'hygiène, il sera également chargé de nommer le dernier tiers, qui sera choisi parmi les médecins. (Art. 2 du décret du 4 juin 1853. — Art. 3 du décret du 12 août 1854.)

Art. 28 A. — Les membres de la commission sont nommés pour trois ans et renouvelés par tiers chaque année ; pendant les deux premières années, les membres sortants sont désignés par le sort et ensuite par l'ancienneté.

Ils sont indéfiniment rééligibles.

Les préfets et sous-préfets sont présidents nés de la commission établie au siège de leur résidence ; ils peuvent déléguer leurs fonctions. (Art. 3 du décret du 12 août 1854.)

Art. 29° A (1). — Les commissions sanitaires ont des réunions périodiques dont le nombre est fixé par le préfet.

Dans les ports de la Méditerranée, elles se réunissent au moins deux fois par mois.

Les commissions sont convoquées d'urgence toutes les fois qu'une circonstance de nature à intéresser la santé publique paraît l'exiger.

Elles transmettent, après chaque séance, un rapport sommaire sur la situation sanitaire au Ministre de l'agriculture et du commerce.

Elles sont consultées sur les questions hygiéniques et sanitaires relatives au régime intérieur des lazarets, au choix des emplacements affectés aux navires mis en quarantaine ou en réserve ; enfin, sur les plans et projets de construction à faire dans les lazarets ou autres établissements sanitaires.

Toutes les fois que les commissions auront été convoquées pour des cas de maladie suspecte survenus, soit à bord d'un bâtiment, soit à l'intérieur du lazaret, les mesures qui, dans ce cas, pourront être nécessaires seront arrêtées conformément aux délibérations prises par les commissions.

Elles proposent au préfet, pour être soumis à l'approbation du Ministre de l'agriculture et du commerce, les règlements locaux concernant le service sanitaire de leur circonscription. En cas d'urgence, ces règlements sont provisoirement exécutoires, sur l'autorisation des préfets.

Les dites commissions pourront, en cas d'épidémie, après délibération spéciale approuvée par le préfet, déléguer un de leurs membres pour assister aux opérations sanitaires du service confié au directeur de la santé, telles qu'elles sont définies dans l'art. 25, et, en cas de dissentiments avec ce directeur, provoquer, auprès du préfet la réunion immédiate de la commission, qui devra statuer sur la question soulevée, sauf à en référer sans délai au Ministre dans les cas douteux ou imprévus. (Art 106 et 107 du règlement. — Art. 2 du décret du 12 août 1854.)

Art. 30. — Les agents ordinaires du service sanitaire sont chargés, sur les différents points du littoral où ils sont placés, de veiller à l'exécution des règlements sanitaires, d'empêcher l'infraction, de constater les contraventions par procès-verbal, d'avertir et d'informer le chef de service dont ils relèvent, et,

---

(1) Abrogé par le décret du 4 juin 1853.

en cas d'urgence, le maire de la commune où ils exercent leurs fonctions, de tout ce qui peut intéresser la santé publique.

Ils peuvent être chargés par délégation de leurs chefs de service, de procéder à la reconnaissance sanitaire des navires d'accorder la libre pratique et de délivrer des patentes et des bulletins de santé. (Titre 8 du règlement. — Art. 2 du décret du 4 juin 1853.)

Art. 31 ". — Conformément à l'ordonnance du 18 avril 1847, les médecins sanitaires français établis dans le Levant constatent, avant le départ des bâtiments, l'état sanitaire du pays : les patentes de santé sont délivrées sur leur rapport. Les médecins sanitaires embarqués à bord des bâtiments à vapeur surveillent, pendant le voyage, la santé des équipages et des passagers, tiennent note exacte, et jour par jour, des maladies observées, et en font l'objet d'un rapport embrassant toutes les circonstances du voyage, depuis le départ jusqu'à l'arrivée. Ce rapport est remis à l'autorité sanitaire au moment de l'arraisonnement. (Art. 32 et 126 du règlement.

Art. 32. — Les agents ordinaires et les employés du service sanitaire seront pris, autant que possible, parmi les agents du service des douanes ; ils recevront, en qualité d'agents sanitaires, une indemnité sur les fonds affectés aux dépenses sanitaires.

Art. 33. — Ont droit de requérir la force publique pour le service qui leur est confié : les directeurs de santé, les agents principaux et ordinaires du service sanitaire. Les mêmes ont le droit de requérir, mais seulement dans les cas d'urgence et pour un service momentané, la coopération des officiers et employés des douanes et des contributions indirectes, des officiers des ports de commerce, des commissaires de police, des gardes-champêtres et forestiers et, au besoin, de tous les citoyens.

Ne pourront lesdites réquisitions d'urgence enlever à leurs fonctions habituelles des individus attachés à un service public, à moins d'un danger assez imminent pour exiger le sacrifice de tout autre intérêt.

Art. 34 A. — Les directeurs de la santé et autres agents principaux du service sanitaire seront nommés par le Ministre de l'agriculture et du commerce.

Si ces agents appartiennent au service des douanes, leur nomination aura lieu sur la désignation du Ministre des finances. (Art. 2 du décret du 12 août 1854.)

Art. 35. — Les agents ordinaires du service sanitaire sont nommés par les préfets, sur la présentation du directeur de la santé ou de l'agent principal, et du consentement du directeur des douanes, si l'agent désigné appartient à ce service.

Art. 36 — Les autres employés, à divers titres, du service sanitaire sont nommés par le préfet sur la présentation de l'agent principal ou du directeur de la santé.

Art. 37 A. — Les médecins attachés au service sanitaire des

lazarets et du littoral, sont nommés pour quatre ans, par le Ministre de l'agriculture et du commerce, sur une liste de trois candidats dressée par le préfet.

Ils peuvent être continués dans leurs fonctions. (Art. 2 du décret du 12 août 1854.)

Art. 38 A. — Les agents des lazarets exclusivement réservés pour les bâtiments de guerre sont nommés par le Ministre de l'agriculture et du commerce, sur la désignation du Ministre de la marine. (Art. 2 du décret du 12 août 1854.)

TITRE III.

POLICE JUDICIAIRE. — ÉTAT-CIVIL.

Jugements de simple police.

Art. 39. — Les fonctions de police judiciaire attribuées par l'article 17 de la loi du 3 mars 1822 aux membres des autorités sanitaires seront exercées par les agents principaux et les agents ordinaires du service sanitaire dans leurs circonscriptions respectives.

Les uns et les autres ne pourront exercer lesdites fonctions qu'après avoir prêté serment devant le tribunal civil.

Art. 40. — Les jugements à rendre par lesdites autorités en matière de simple police et en vertu de l'article 18 de la même loi, le seront par le directeur de la santé, assisté de deux délégués de la commission sanitaire, le ministère public étant rempli par un troisième délégué de la commission, et les fonctions de greffier par un agent ou un employé du service sanitaire.

Art. 41. — Les citations aux contrevenants et aux témoins seront faites par un simple avertissement écrit par le directeur de la santé, conformément aux articles 169 et 170 du code d'instruction criminelle.

Art. 42. — Le contrevenant devra comparaître par lui-même ou par un fondé de pouvoirs. En cas de non-comparution, si elle n'est pas occasionnée par un empêchement résultant des règles sanitaires, il sera jugé par défaut. Si le contrevenant est empêché par cette cause il sera sursis au jugement jusqu'à la fin de la quarantaine, à moins que ce ne soit un employé du lazaret ou de tout autre lieu réservé, obligé, par la nature de ses fonctions, à une séquestration habituelle ; auquel cas, s'il n'a pas désigné de fondé de pouvoirs, il lui en sera donné un d'office.

Art. 43. — Un garde de santé, commissionné à cet effet par le directeur de la santé, sera chargé de notifier les citations et les jugements.

Art. 44. — Seront au surplus observés en tout ce qui ne sera pas contraire au titre III de la loi du 3 mars 1822, et aux présentes dispositions, les articles 146, 147, 148, 149, 150, 151, 152, 153, 154, 155, 156, 157, 158, 159, 160, 161, 162, 163, 164, et 165 du Code d'instruction criminelle.

Art. 45. — Les fonctions de l'état civil, objet de l'article 19 de la loi du 3 mars 1822, seront remplies par le directeur de la santé, assisté d'un agent ou employé du service sanitaire, faisant les fonctions de secrétaire.

TITRE IV.

DISPOSITIONS GÉNÉRALES.

Art. 46 A. — Il est enjoint à tous les agents de la France au dehors, de se tenir informés et d'instruire le Ministre de l'agriculture et du commerce, par la voie du département dont ils relèvent, des renseignements qui importeront à la police sanitaire et à la santé publique de la France ; s'il y avait péril, ils devraient en même temps avertir l'autorité française la plus voisine ou la plus à portée des lieux qu'ils jugeraient menacés (Art. 2 du décret du 12 août 1854.)

Il est pareillement enjoint aux autorités sanitaires de se donner réciproquement les avis nécessaires au service qui leur est confié, à toutes les autorités de l'intérieur, de prévenir qui de droit, des faits à leur connaissance qui intéresseraient la santé publique.

Les chambres de commerce, les capitaines et patrons de navires arrivant de l'étranger, et généralement toutes les personnes ayant des renseignements sur les quarantaines, sont invités à les communiquer au directeur de la santé.

Art. 47. — Tous dépositaires de l'autorité et de la force publique, tous agents de l'autorité, soit au dehors, soit au dedans, qui seraient avertis d'infractions aux lois et règlements sanitaires, sont tenus d'employer les moyens en leur pouvoir pour les prévenir, pour en arrêter les effets et pour en procurer la répression.

Art. 48. — En attendant que le service sanitaire soit organisé d'après le présent décret, les administrations sanitaires existantes continueront leurs fonctions conformément aux lois, ordonnances et règlements aujourd'hui en vigueur.

Art. 49 A. — Le Ministre de l'agriculture et du commerce est chargé de donner les ordres nécessaires à l'exécution des présentes dispositions.

Les Ministres sont chargés, chacun en ce qui le concerne, de l'exécution du présent décret. (Art. 5 du décret du 12 août 1854.)

Fait à l'Élysée , le 24 décembre 1850.

Signé : L.-N. BONAPARTE.

Le Ministre de l'agriculture et du commerce ,

Signé : J. DUMAS.

Tableau A.

Nomenclature des navires qui sont dispensés, en temps ordinaire, de représenter une patente de santé, dans les ports de France.

Dans les deux mers :

1° Les bateaux pêcheurs ;

2° Les bateaux pilotes ;

3° Les chaloupes du service des douanes et les bâtiments garde-côtes ;

4° Les navires faisant le cabotage entre les différents ports de France sur la même mer (excepté les navires venant de l'Algérie.)

Dans les ports de l'Océan :

Les navires venant de l'Angleterre, de la Belgique, de la Hollande et des États du nord de l'Europe ;

Les navires qui vont faire la pêche de la morue à Terre-Neuve, au Dogger's-Bank et dans les mers d'Islande ;

Les navires baleiniers. (Ceux qui naviguent dans l'hémisphère austral, s'ils ne se sont pas munis d'une patente de santé au départ, en prendront une au retour, au premier port de relâche où il se trouvera une autorité sanitaire.)

Les bâtiments dispensés de la patente sont également affranchis de l'arraisonnement sanitaire.

Tout bâtiment doit être reconnu, à l'arrivée, par les agents du service sanitaire ; mais la reconnaissance peut se faire, soit par la seule inspection, soit par un signal, soit par un interrogatoire, suivant la provenance du bâtiment, et les usages consacrés par les règlements locaux.

Tableau B.

Modèle d'interrogatoire pour la reconnaissance sanitaire.

1. D'où venez vous ?

2. Avez-vous une patente de santé ?

3. Quels sont vos nom, prénoms et qualité ?

4. Quel est le nom, le pavillon et le tonnage de votre navire ?

5. De quoi se compose votre cargaison?

6. Quel jour êtes-vous parti?

7. Quel était l'état de la santé publique à l'époque de votre départ?

8. Avez-vous le même nombre d'hommes, que vous aviez au départ et sont-ce les mêmes hommes?

Avez-vous eu, pendant la traversée, des malades à bord? En avez-vous actuellement?

10. Avez-vous eu quelque communication pendant la traversée? N'avez vous rien recueilli en mer.

NOTA. Les règlements particuliers à chaque port pourront supprimer quelques-unes de ces questions pour les navires qui ne s'éloignent jamais de la côte.

Dans le cas d'arraisonnement, les autorités sanitaires pourront faire, indépendamment des questions ci-dessus spécifiées, toutes les autres interrogations qu'elles jugeront nécessaires pour s'éclairer sur l'état sanitaire du navire.

TABLEAU DES QUARANTAINES ETABLIES EN FRANCE.

(TABLEAU REMPLAÇANT LE TABLEAU C ANNEXÉ AU DÉCRET DU 24 DÉCEMBRE 1850).

1° Peste.

PAYS de provenances	NATURE de la patente de santé	PAYS d'arrivée.	RÉGIME SANITAIRE.				
			PAVILLON DES PUISSANCES qui ont adhéré. Bâtiments et passagers.		PAVILLON DES PUISSANCES qui n'ont pas adhéré. Bâtiments et passagers.		Sans distinction de pavillon.
			Avec un médecin sanitaire à bord (A).	Sans médecin sanitaire.	Avec un médecin sanitaire à bord (A).	Sans médecin sanitaire.	Marchandises.
Turquie et ses dépendances...	Patente nette...	Ports de la Méditerranée.	Libre pratique lorsqu'il s'est écoulé huit jours pleins à partir du départ.	Libre pratique après dix jours de traversée, qui devront être complétés par une quarantaine, le cas échéant.	Libre pratique lorsqu'il s'est écoulé huit jours pleins à partir du départ.	Observation de trois jours.	Libre pratique.
		Ports de l'Océan	Libre pratique.	Libre pratique.	Libre pratique.	Libre pratique.	Idem.
	Patente brute...	Ports de la Méditerranée.	Quarantaine de dix jours pleins à partir de l'arrivée (B).	Quarantaine de dix jours pleins à partir de l'arrivée (B).	Quarantaine de dix jours pleins à partir de l'arrivée (B).	Quarantaine de dix jours pleins à partir de l'arrivée (B).	Quarantaine de dix jours pleins à dater du débarquement au lazaret pour les marchandises de 1re classe.
		Ports de l'Océan	Idem..........	Idem..........	Idem..........	Idem..........	Idem.

(A) Les médecins sanitaires doivent être commissionnés par le ministre de l'agriculture, du commerce et des travaux publics.
(B) Voir les instructions.

2° Fièvre jaune.

PAYS de provenances.	NATURE de la patente de santé.	PAYS d'arrivée.	RÉGIME SANITAIRE (sans distinction).	
			Bâtiments et passagers.	Marchandises (*)
Pays où règne la fièvre jaune..............	Patente brute.........	Ports de la Méditerranée	Quarantaine de trois, de cinq ou de sept jours pleins, suivant les différents cas déterminés par l'article 4 de la convention sanitaire.	Libre pratique.
		Ports de l'Océan......	Libre pratique quand il n'y a eu à bord ni morts, ni malades de la fièvre jaune pendant les dix derniers jours de la navigation.	Idem.

3° Choléra-morbus.

PAYS de provenances.	NATURE de la patente de santé.	PAYS d'arrivée.	RÉGIME SANITAIRE (sans distinction).	
			Bâtiments et passagers.	Marchandises (*)
Pays où règne le choléra	Patente brute.........	Ports de la Méditerranée	Quarantaine de cinq jours pleins, y compris le temps de la traversée.	Libre pratique.
		Ports de l'Océan......	Quarantaine de trois à cinq jours quand il y aura eu un ou plusieurs cas de choléra depuis le départ (c).	Idem.

(*) D'après l'article 60 du réglement international, les cuirs, les chiffons et les drilles, peuvent, même en patente nette, être l'objet de mesures sanitaires dans la Méditerranée (V. les instructions).

(c) Le ministre décidera s'il y a lieu de supprimer cette quarantaine.

N°

Patente de santé.

—

Nom du bâtiment......................
Nature du bâtiment....................
Pavillon..............................
Tonneaux..............................
Canons................................
Appartenant au port d.................
Destination...........................
Nom du capitaine......................
Nom du médecin........................
Equipage (tout compris)...............
Passagers.............................
Cargaison.............................
Etat hygiénique du navire.............
Etat hygiénique de l'equipage (couchage,
    vétements, etc.)..................
Etat hygiénique des passagers.........
Vivres et approvisionnements divers....
Eau...................................

Malades à bord.......{

Etat sanitaire du pays et des environs...
et il règue   peste,
               fièvre jaune,
               choléra indien.

Délivrée le   du mois d   18
à   heure   du

N°

Empire Français.

—

Administration sanitaire.

—

PATENTE DE SANTÉ.

Port d
Nous,   de la santé à   certifions que le bâtiment ci-après
désigné, part de ce port dans les conditions suivantes, dûment constatées.

Nom du bâtiment............   Etat sanitaire du navire
Nature du bâtiment.........
Pavillon...................   Etat hygiénique de l'équipage (cou-
Tonneaux...................   chage, vétements, etc.)
Canons.....................
Appartenant au port d
Destination................   Etat hygiénique des passagers
Nom du capitaine...........
Nom du médecin.............
Equipage (tout compris)....
Passagers..................   Vivres et approvisionnements divers
Cargaison..................

Malades à bord.....{   Eau

Nous certifions, en outre, que l'état sanitaire du pays et de ses environs

et qu'il   règne   peste,   fièvre jaune,   choléra indien.
En foi de quoi nous avons délivré la présente Patente, à   le   du mois
d   18 , à   heures du
L'Expéditionnaire de la Patente.   Sceau de l'Administration.   Le   de la santé,

Décret du 27 mai 1853,

portant promulgation de la convention sanitaire interna tionale, conclue entre la France, la Sardaigne et diverses autres puissances maritimes.

NAPOLÉON,

Par la grâce de Dieu et la volonté nationale, Empereur des Français,

A tous présents, et à venir, salut :

Sur le rapport de notre Ministre secrétaire d'État au département des affaires étrangères,

Avons décrété et décrétons ce qui suit :

Art. 1er. — La convention sanitaire internationale conclue entre la France et diverses autres puissances maritimes ayant été ratifiée par Nous et par S. M. le roi de Sardaigne, et les actes de ratification ayant été échangés, le 18 du présent mois de mai, entre les deux gouvernements contractants, ladite convention, suivie d'un règlement sanitaire, desquels la teneur suit, recevra, par rapport à la Sardaigne, sa pleine et entière exécution, à dater du 15 juin prochain.

CONVENTION.

Le Prince-Président de la République française, S. M. l'empereur d'Autriche, S. M. le roi du royaume des Deux-Siciles, S. M. la reine des Espagnes, Sa Sainteté le Pape, S. M. la reine du royaume-uni de la Grande-Bretagne et d'Irlande, S. M. le roi de la Grèce, S. M. la reine de Portugal et des Algarves, S. M. l'empereur de toutes les Russies, S. M. le roi de Sardaigne, S. A. Impériale et royale l'archiduc grand-duc de Toscane, S H. l'empereur de Turquie,

Etant également animés du désir de sauvegarder la santé publique dans leurs Etats respectifs, et de faciliter, autant qu'il dépend d'eux, le développement des relations commerciales et maritimes dans la Méditerranée, et ayant reconnu qu'un des moyens les plus efficaces pour amener ce résultat était d'introduire la plus grande uniformité possible dans le régime sanitaire observé jusqu'ici, et d'alléger ainsi les charges qui pèsent sur la navigation, ont, chacun dans ce but, chargé deux délégués, réunis en conférence à Paris, de discuter et poser les principes sanitaires sur lesquels ils ont senti le besoin de s'entendre.

Le travail de la conférence ayant été approuvé par eux, ils ont résolu de négocier une convention spéciale, suivie d'un règlement sanitaire international, et ont, en effet, nommé pour leurs plénipotentiaires, savoir :

Le Prince-Président de la République française, M. *Louis*

Félix-Étienne, marquis de *Turgot*, officier de l'ordre impérial de la Légion-d'Honneur, chevalier de l'ordre royal de Saint-Ferdinand d'Espagne de deuxième classe, ministre au département des affaires étrangères;

S. M. l'empereur d'Autriche, MM....;

S. M. le roi du royaume des Deux-Siciles, MM....;

S. M. la reine des Espagnes, MM....;

S. S. le Pape, MM....;

S. M. la reine du royaume-uni de la Grande-Bretagne et d'Irlande, MM....;

S. M. le roi de la Grèce, M....;

S. M. la reine de Portugal et des Algarves, M. *Jean Mouzinho de Silveira*, conseiller de la légation de Sa Majesté Très-Fidèle, à Paris, chevalier des ordres du Christ de Portugal et de l'ordre impérial de la Légion-d'Honneur:

S. M. l'empereur de toutes les Russies ....,:

S. M. le roi de Sardaigne, M. *Magnetto*, chevalier de l'ordre des Saints Maurice et Lazare, et de l'ordre impérial de la Légion-d'Honneur, consul général de Sardaigne à Lyon, et M. *Angelo Bó*, chevalier de l'ordre des Saints Maurice et Lazare, officier de la Légion-d'Honneur, président de l'Académie royale de médecine et des sciences naturelles de Gênes, et professeur de médecine à l'université de la même ville;

S. A. I. et R. l'archiduc grand-duc de Toscane, M. *Joseph*, prince *Poniatowski*, chevalier prieur de l'ordre de Saint-Étienne de Toscane, grand-officier de l'ordre impérial de la Légion d'Honneur, chambellan de Son Altesse Impériale et Royale, et son ministre plénipotentiaire près S. M. l'Empereur des Français;

S. H. l'empereur de Turquie, S. E. *Vely-Pacha*, ambassadeur extraordinaire et plénipotentiaire de la Sublime-Porte, en France;

Lesquels, après s'être communiqué leurs pleins pouvoirs respectifs, trouvés en bonne et due forme, sont convenus des articles suivants :

Art. 1ᵉʳ. — Les hautes parties contractantes se réservent le droit de se prémunir, sur leurs frontières de terre, contre un pays malade ou compromis, et de mettre ce pays en quarantaine.

Quant aux arrivages par mer, elles conviennent en principe :

1° D'appliquer à la peste, à la fièvre jaune et au choléra les mesures sanitaires qui seront spécifiées dans les articles ci-après;

2° De considérer comme obligatoire pour tous les bâtiments la production d'une patente, sauf les exceptions mentionnées dans le règlement sanitaire international, annexé à la présente convention.

Tout port sain aura le droit de se prémunir contre un bâtiment ayant à bord une maladie réputée importable, telle que le typhus et la petite vérole maligne.

Les administrations sanitaires respectives pourront, sous leur responsabilité devant qui de droit, adopter des précautions contre d'autres maladies encore.

Il est bien entendu, toutefois :

1° Que les mesures exceptionnelles mentionnées dans les deux paragraphes précédents ne pourront être appliquées qu'aux navires infectés, et ne compromettront, dans aucun cas, le pays de provenance ;

2° Que jamais aucune mesure sanitaire n'ira jusqu'à repousser un bâtiment, quel qu'il soit.

2. L'application des mesures de quarantaine sera réglée, à l'avenir, d'après la déclaration, officiellement faite par l'autorité sanitaire instituée au port de départ, que la maladie existe réellement.

La cessation de ces mesures se déterminera sur une déclaration semblable, que la maladie est éteinte, après toutefois l'expiration d'un délai fixé à trente jours pour la peste, à vingt jours pour la fièvre jaune, et à dix jours pour le choléra.

3. A partir de la mise à exécution de la présente convention, il n'y aura plus que deux patentés, la patente brute et la patente nette : la première, pour la présence constatée de maladie ; la seconde, pour l'absence attestée de maladie. La patente constatera l'état hygiénique du bâtiment. Un bâtiment en patente nette, dont les conditions seraient évidemment mauvaises et compromettantes, pourra être assimilé, par mesure d'hygiène, à un bâtiment en patente brute et soumis au même régime.

4. Pour la plus facile application des mesures quarantenaires, les hautes parties contractantes conviennent d'adopter le principe d'un minimum et d'un maximum.

En ce qui concerne la peste, le minimum est fixé à dix jours pleins et le minimum à quinze.

Dès que le gouvernement ottoman aura complété, dans les termes prévus par le règlement annexé à la présente convention, l'organisation de son service sanitaire, et que des médecins européens auront été établis, à la diligence des gouvernements respectifs, sur tous les points où leur présence a été jugée nécessaire, les provenances de l'Orient en patente nette seront admises en libre pratique dans tous les ports des hautes parties contractantes. En attendant, il est convenu que ces mêmes provenances arrivant en patente nette seront reçues en libre pratique, après huit jours de traversée, lorsque les navires auront à bord un médecin sanitaire, et après dix jours, quand ils n'en auront pas.

Le droit est réservé aux pays les plus voisins de l'empire ottoman, tout en continuant leur régime quarantenaire actuel, de prendre, dans certains cas, telles mesures qu'ils croiront indispensables pour le maintien de la santé publique.

En ce qui concerne la fièvre jaune, et lorsqu'il n'y aura pas eu d'accident pendant la traversée, le minimum sera de cinq jours pleins, et le maximum de sept jours.

Ce minimum pourra être abaissé à trois jours, lorsque la traversée aura duré plus de trente jours, et si le bâtiment est dans de bonnes conditions d'hygiène. Quand des accidents se seront produits pendant la traversée, le minimum de la quarantaine à imposer aux bâtiments sera de sept jours, et le maximum de quinze.

Enfin, pour le choléra, les provenances des lieux où régnera cette maladie pourront être soumises à une quarantaine d'observation de cinq jours pleins, y compris le temps de la traversée. Quant aux provenances des lieux voisins ou intermédiaires, notoirement compromis, elles pourront être aussi soumises à une quarantaine d'observation de trois jours, y compris la durée de la traversée.

Les mesures d'hygiène seront obligatoires dans tous les cas et contre toutes les maladies.

5. Pour l'application des mesures sanitaires, les marchandises seront rangées en trois classes : la première, pour les marchandises soumises à une quarantaine obligatoire et aux purifications ; la seconde, pour celles assujetties à une quarantaine facultative ; la troisième, enfin, pour les marchandises exemptées de toute quarantaine.

Le règlement sanitaire internationnal spécifiera les objets et marchandises composant chaque classe, et le régime qui leur sera applicable en ce qui concerne la peste, la fièvre jaune et le choléra.

6. Chacune des hautes parties contractantes s'engage à maintenir ou à créer, pour la réception des bâtiments, des passagers, des marchandises et autres objets soumis à quarantaine, le nombre de lazarets réclamé par les exigences de la santé publique, par le bien-être des voyageurs et par les besoins du commerce, le tout dans les termes énoncés par le règlement sanitaire international.

7. Pour arriver, autant que possible, à l'uniformité dans les droits sanitaires, et pour n'imposer à la navigation de leurs États respectifs que les charges nécessaires pour couvrir simplement leurs frais, les hautes parties contractantes, sous la réserve des exceptions prévues dans le règlement sanitaire international, arrêtent en principe :

1° Que tous les navires arrivant dans un port paieront, sans distinction de pavillon, un droit sanitaire proportionnel sur leur tonnage :

2° Que les navires soumis à une quarantaine paieront, en outre, un droit journalier de station ;

3° Que les personnes qui séjourneront dans les lazarets

paieront un droit fixé, pour chaque journée de résidence dans ces établissements;

4°. Que les marchandises déposées ou désinfectées dans les lazarets seront assujetties à une taxe au poids ou à la valeur.

Les droits et taxes mentionnés dans le présent article seront fixés par chaque gouvernement et signifiés aux autres parties contractantes.

8 Afin d'amener également la plus grande uniformité possible dans l'organisation des administrations sanitaires, les hautes parties contractantes conviennent de placer le service de la santé publique, dans les ports de leurs États qu'elles se réservent de désigner, sous la direction d'un agent responsable, nommé et rétribué par le gouvernement, et assisté d'un conseil représentant les intérêts locaux. Il y aura, en outre, dans chaque pays, un service d'inspection sanitaire qui sera réglé par les gouvernements respectifs.

Dans tous les ports où les puissances contractantes entretiennent des consuls, un ou plusieurs de ces consuls pourront être admis aux délibérations des conseils sanitaires pour y faire leurs observations, fournir des renseignements et donner leurs avis sur les questions sanitaires,

Toutes les fois qu'il s'agira de prendre une résolution spéciale à l'égard d'un pays, et de le déclarer en quarantaine, l'agent consulaire de ce pays sera invité à se rendre au conseil et entendu dans ses observations.

9. L'application des principes généraux consacrés par les articles qui précèdent et l'ensemble des mesures administratives qui en découlent, seront déterminés par le règlement sanitaire international annexé à la présente convention.

10. La faculté d'accéder à la présente convention et à son annexe est expressément réservée à toutes les puissances qui consentiront à accepter les obligations qu'elles consacrent.

11. La présente convention et le règlement sanitaire international y annexé auront force et vigueur pendant cinq années.

Dans le cas où, six mois avant l'expiration de ce terme, aucune des hautes parties contractantes n'aurait, par une déclaration officielle, annoncé son intention d'en faire cesser les effets en ce qui la concerne, ils resteront en vigueur pendant une année encore, et ainsi de suite, d'année en année, jusqu'à due dénonciation.

12. Il est bien entendu que les hautes puissances contractantes s'engagent réciproquement, les unes envers les autres, pour tout ce qui concerne l'ensemble comme les détails de la présente convention, dont le protocole demeurera ouvert à la signature des plénipotentiaires respectifs.

13. La présente convention et son annexe seront ratifiés suivant les lois et usages de chacune des hautes parties contractantes, et les ratifications en seront échangées à Paris dans le plus bref délai possible.

En foi de quoi, les plénipotentiaires respectifs ont signé la présente convention ainsi que son annexe, et y ont apposé le cachet de leurs armes.

Fait et conclu à Paris, le 3 février 1852.

Le Ministre des affaires étrangères de France,
(L. S) Signé : Marquis Turgot.

Le 3 mai 1852.

Les Plénipotentiaires de Sardaigne,
(L. S. Signé: G. Magnetto.
(L. S.) Signé: Dr Angelo Bô,

Le Plénipotentiaire de Portugal.
(L. S.) Signé : Jean Mouzino de Silveira.

Le 5 mars 1853.

Le Ministre des affaires étrangères
de Sa Majesté l'Empereur des Français,
(L. S.) Drouyn de Lhuys.

Le 21 avril 1853.

L'Ambassadeur de la Sublime-Porte,
(L. S.) Signé : Vely.

Le Ministre plénipotentiaire de Toscane.
(L. S.) Signé : Poniatowski.

Décret du 4 juin 1853
relatif aux taxes sanitaires.

Napoléon.

Par la grâce de Dieu et la volonté nationale, Empereur des Français,

A tous présents et à venir, salut:

Sur le rapport de notre Ministre secrétaire-d'État au département de l'Intérieur ;

Vu l'avis du comité consultatif d'hygiène publique ;

Vu le décret en date du 27 mai 1853, qui promulgue la convention et le règlement sanitaire international conclus entre la France et diverses autres puissances maritimes ;

Vu la loi du 3 mars 1822 et le décret du 24 décembre 1850, sur la police sanitaire ;

Vu l'article 3 du sénatus-consulte du 23 décembre 1852,

Avons décrété et décrétons ce qui suit:

Art. 1er. (1) La convention et le règlement sanitaire international promulgués le 27 mai 1853, recevront leur pleine et entière exécution dans tous les ports de l'Empire et de ses

---

(1) Le règlement sanitaire international a été publié dans le Bulletin officiel des actes du gouvernement de l'Algérie (année 1854, n° 467), pages 522 à 537. Les principales dispositions de ce règlement sont reproduites et expliquées au chapitre III de ce Manuel.

possessions situées sur la Méditerranée, à dater du 15 juin 1853, à l'égard des navires portant pavillon sarde.

Des arrêtés de notre ministre de l'intérieur pourront, si l'intérêt du service ou l'état de la santé publique l'exigent, étendre les dispositions contenues dans ces deux actes aux ports de l'Océan.

Seront admis à jouir du bénéfice de la convention et du règlement sanitaire, les navires des puissances qui adhéreront ultérieurement auxdits actes, et avec lesquelles des ratifications auront été échangées.

2. Les directions ou agences maintenant chargées de l'application des règlements sanitaires, et les commissions placées près de ces agences, sont maintenues, sauf les modifications que notre ministre de l'intérieur est autorisé à apporter dans les circonscriptions sanitaires, en vertu de l'article 24 du décret du 24 décembre 1850.

La dénomination de *commissions* sera remplacée par celle de *conseils sanitaires.*

3. Les conseils sanitaires auront les attributions déterminées par les articles 106, 107, 108 et 109 du règlement sanitaire international.

L'article 29 du décret du 24 décembre 1850 est abrogé.

4. Dans les ports de la Méditerranée, tout armateur, consignataire, capitaine d'un navire français s'apprêtant à charger son navire ou à le faire partir sur lest, est tenu d'en faire la déclaration à l'autorité sanitaire, en vue des visites et vérifications prescrites par les articles 7, 8, 9, 10, 11, 12, 13 et 14 du règlement sanitaire international.

La même déclaration devra être faite par les capitaines ou consignataires des navires étrangers appartenant aux puissances qui auront adhéré à la convention sanitaire internationale, afin qu'il soit procédé à l'égard desdits navires conformément à l'article 15 du règlement sanitaire annexé à cette convention.

Le permis nécessaire pour commencer le chargement ne sera délivré par la douane que sur le vu d'un bulletin constatant que la formalité ci-dessus indiquée a été remplie.

5. Les patentes de santé seront délivrées, dans tous les ports de l'Empire, par les directeurs ou agents du service sanitaire; elles seront conformes au modèle annexé au règlement sanitaire international.

6. Notre Ministre de l'intérieur déterminera la quarantaine normale applicable aux différents cas de patente brute spécifiés par l'article 4 de la convention sanitaire internationale, dans les limites fixées par ledit acte.

7. Les droits sanitaires actuellement établis sont remplacés par les taxes suivantes:

(A) Droit de reconnaissance à l'arrivée :
Navires naviguant au cabotage, de port français à port français, d'une mer à l'autre : par tonneau.................................... 0 fr. 05 c.
Navires naviguant au cabotage étranger, idem............. 0   10
Navires naviguant au long cours, idem.................... 0   15
Paquebots arrivant, à jour fixe, d'un port européen dans un port de l'Océan..

Paquebots venant d'un port étranger dans un port français de la Méditerranée, si la durée habituelle de la navigation n'excède pas deux heures,.................................. 0   05

Les paquebots appartenant à ces deux dernières catégories pourront contracter des engagements de six mois ou d'un an. L'abonnement sera calculé à raison de 50 cent. par tonneau et par an, quel que soit le nombre des voyages,.............. 0   05
(B) Droit de station, payable par les navires soumis à une quarantaine : par tonneau, pour chaque jour de quarantaine... 0   05
(C) Droit de séjour au lazaret : par jour et par personne, sauf les exceptions ci-après indiquées,........................ 2   00
(D) Droit sur les marchandises déposées et désinfectées dans les lazarets :
Marchandises emballées : par 100 kil..................... 0   50
Cuirs, les 100 pièces.................................... 1   00
Petites peaux *non emballées*, les 100 peaux.............. 0   50

8. Les dispositions du tarif contenues dans l'article précédent ne seront appliquées aux paquebots déjà munis d'une patente de santé valable pour un an, qu'à l'expiration de l'année pour laquelle ladite patente a été délivrée.

9. Dans le calcul du tonnage d'après lequel devront être perçus les droits de reconnaissance et les droits de station pendant la quarantaine, on ne tiendra pas compte des fractions de tonneau.

10. Les navires naviguant de port français à port français dans la même mer, sont exemptés du droit de reconnaissance.

Toutefois, les navires se rendant des ports de l'*Algérie* dans les ports de la Méditerranée seront soumis à l'obligation de se munir, au départ, d'une patente de santé, tout en étant affranchis du droit de reconnaissance sanitaire dans le port d'arrivée.

11. Les navires qui, pendant le cours d'une même opération, *entreront successivement* dans plusieurs ports situés sur la même mer, ne paieront le droit de reconnaissance qu'une seule fois, au port de première arrivée.

12. Sont dispensés du droit de séjour au lazaret :
Les enfants au-dessous de sept ans ;
Les indigents embarqués aux frais du gouvernement, ou d'office par les consuls ;
Toute personne qui voudra loger dans les dortoirs communs, s'il en existe de tels au lazaret ;
Toute personne qui aura été transportée au lazaret par ordre de l'autorité sanitaire.

13. Sont exemptés de tous les droits sanitaires déterminés par les articles précédents ;
1º Les bâtiments de guerre, 2º les bâtiments en relâche for-

céo, même lorsqu'ils sont admis à libre pratique, pourvu qu'ils ne se livrent à aucune opération de commerce dans le port où ils abordent ; 3° les bâteaux de pêche.

14. Les dispositions relatives aux conseils sanitaires, aux patentes de santé et aux droits sanitaires, ci-dessus énoncées aux articles 2, 3, 4, 5, 6, 7, 8, 9, 10, 11 et 12 seront appliquées à tous les ports français.

15. Le décret du 24 décembre 1850 et les tableaux qui s'y rattachent continueront d'être observés en tout ce qui n'est pas contraire au règlement sanitaire international et au présent décret.

16. Nos ministres secrétaires d'Etat aux départements des affaires étrangères, de l'intérieur, des finances, de la guerre et de la marine, sont chargés chacun en ce qui le concerne, de l'exécution du présent décret.

Fait au palais de St.-Cloud, le 4 ju 1853,

NAPOLÉON.

Par l'Empereur :

Le Ministre Secrétaire d'État au département de l'intérieur,

F. DE PERSIGNY.

Arrêté ministériel du 23 mars 1856.

Le Maréchal de France, Ministre secrétaire d'État au département de la guerre,

Vu le décret du 12 août 1854, qui rend exécutoires, en Algérie, les décrets des 24 décembre 1850 et 4 juin 1853, sur le régime sanitaire en France ;

L'article 8 de la convention sanitaire internationale, promulguée par le décret du 27 mai 1853 ;

Les propositions du Gouverneur-Général de l'Algérie, en date du 15 juin 1855 ;

L'avis du département de l'agriculture, du commerce et des travaux publics ;

L'avis du comité consultatif de l'Algérie,

Arrête ce qui suit :

Art. 1er. — Les ports de l'Algérie forment trois circonscriptions sanitaires correspondant aux trois provinces et dont les chefs-lieux sont établis à Alger, Oran et Bône.

Ils sont répartis en trois classes, ainsi qu'il suit :

Port de 1re classe.

Alger.

Ports de 2e classe

Mers-el-Kebir (Oran).
Stora (Philippeville).
Bône.

Ports de 3e classe.

La Calle.
Djidjelly.
Bougie.
Dellys.
Cherchell.
Ténès.
Mostaganem.
Arzew.
Djemma-Ghazouat.

Art. 2. — Le cadre du personnel administratif du service sa
nitaire comprend :

1 Agent principal portant le titre de directeur de la santé,
    résidant à Alger.

<table>
<tr><td>1</td><td>Idem</td><td>à Oran.</td></tr>
<tr><td>1</td><td>Idem</td><td>à Bône.</td></tr>
</table>

14 Agents ordinaires portant le titre de capitaines de là santé,
divisés en deux classes, savoir :

5 de première classe ;
9 de deuxième classe.

Un concierge au lazaret.
Trois secrétaires attachés aux conseils de santé des circonscriptions d'Alger, d'Oran et de Bône.
Ce personnel dont l'uniforme sera déterminé par un arrêté
spécial, sera réparti conformément au tableau ci-après :

PORTS.		DIRECTEURS.	CAPITAINES de la santé.	SECRÉTAIRES.	GARDES ou agents secondaires.	Observations.
Alger..	Port.....	1	2(*)	1	1 garde pal, 5 gardes.	(*) L'un de ces capitaines remplira les fonctions du capitaine du lazaret à Alger.
	Lazaret..	»	»	»	1 concierge.	
Cherchell.........		»	1	»	1 garde.	
Ténès...........		»	1	»	1	
Dellys..........		»	1	»	1	
Oran...........		1	»	»	»	
Mers-el-Kebir.....		»	1	1	5	
Mostagnem........		»	1	»	1	
Arzew...........		»	1	»	1	
Nemours.........		»	1	»	1	
Bône...........		1	1	»	5	
Stora..........		»	1	1	2	
Bougie.........		»	1	»	2	
La Calle........		»	1	»	2	
Djidjelly........		»	1	»	1	
		3	14	3	28	

Art. 3. — Les traitements attribués à chacun des agents ci-dessus désignés seront fixés ainsi qu'il suit :

Directeurs de la santé............ { Alger........... 3,000 fr.
Oran........... 2,400
Bône........... 2,400

Capitaines de la santé .... { de 1re classe... 2,100
de 2e classe.... 1,800

Secrétaires du conseil de santé.. { Alger........... 1,800
Oran........... | 1,500
Bône........... |

Garde principal de la santé à ... | Alger........... 1,800

Gardes de la santé............. { de 1re classe... 900
de 2e classe.... 800

Art. 4. — Des indemnités annuelles seront allouées dans les proportions suivantes, au médecin attaché simultanément au conseil et au lazaret de chaque circonscription sanitaire.

Pour Alger............................ 1,200 fr.
Pour Mers-el Kebir et Bône.......... 1,000

Art. 5. — Les directeurs de la santé des trois circonscriptions sanitaires d'Alger, d'Oran et de Bône, seront placés sous les ordres immédiats des préfets ou sous-préfets, présidents des conseils sanitaires.

Art. 6. — Dans tous les ports secondaires de 2e et de 3e classe, les capitaines de la santé seront placés sous les ordres de l'autorité civile ou militaire administrant la localité. Ils pourront recevoir toutefois, en cas d'urgence, des instructions directes du directeur de la santé de leur circonscription.

Le capitaine du lazaret d'Alger sera placé sous les ordres du directeur de la santé de cette circonscription.

Art. 7. — Deux lazarets seront institués ultérieurement à Arzew et à Bône et il sera pourvu à la fixation de leur personnel.

Art. 8. — Les agents supérieurs et ordinaires du service de la santé seront choisis, autant que possible :

Les premiers, parmi les capitaines de la santé actuellement en fonctions dans les principaux ports de notre colonie d'Afrique ;

Les seconds, dans le cadre du service actif continental ou parmi les officiers de marine retraités ou anciens capitaines au long cours et anciens agents du service sanitaire.

Art. 9. — Le Gouverneur-Général est chargé de la promulgation du présent arrêté, de son insertion au *Bulletin officiel des actes du Gouvernement* de l'Algérie et de son exécution qui aura lieu à partir du 1er Juin 1856.

Paris, le 13 mars 1856.

Signé : VAILLANT.

Vu pour être promulgué en Algérie.

Alger, le 8 mai 1856.

Le Maréchal de France, Gouverneur Général de l'Algérie,

Cte RANDON.

Par décisions de M. le Ministre de la guerre, en date des 11, 25, 28 avril et 20 mai 1856, les nominations suivantes ont eu lieu dans le personnel du service sanitaire en Algérie, par suite de la réorganisation de ce service, en exécution du décret du 12 août 1854.

Directeurs de la santé :

MM. Filidoro (Auguste), à Alger ;
  Renucoli (Mathieu), à Bône ;
  Avio (Jean-Baptiste-Joseph), à Oran.

Capitaines de 1re classe :

MM. Barbier (Joseph-Tropez-Marc), à Dellys ;
  de Warroquier (Louis-Charles), à Cherchell ;
  Sémidéi (Erasme), à Alger ;
  Gelin (Noël), à Stora ;
  Filidoro (Etienne), à Bougie.

Capitaines de 2° classe :

MM. Armand (Nicolas-Désiré), à Ténès;
Savelli (Savellino), à Djidjelly;
Chausson (François-Antoine), à La Calle;
Lecomte (Antoine Adolphe), à Arzew;
Boussard (Eugène-Florent), à Oran;
Dupertout (Etienne-Philippe), à Nemours;
Olmi (Joseph), à Alger.
Gremilly (Louis-Constant), à Bône;
Herman (François-Joseph); à Mostaganem.

Secrétaires de la santé :

MM. Legendre (Édouard), à Alger,
Saussol (Edouard-Anatole), à Bône;
Soret (Jean-Guillaume), à Oran.

Garde principal :

M. Bellegamba (Ange-François), à Alger.

Médecins de la santé et des lazarets

MM. Romana (Dominique-Pierre) à Alger;
Tavera, à Bône.

Arrêté ministériel du 16 juin 1856,

Le maréchal de France, Ministre Secrétaire d'État de la Guerre,
Vu l'article 2 de l'arrêté ministériel, en date du 23 mars 1856;
Vu la dépêche de M. le Ministre Secrétaire d'État au département de l'Agriculture, du Commerce et des Travaux publics, en date du 26 mai 1856;

Arrête :

ARTICLE 1er.

L'uniforme des agents de tous grades appartenant au service sanitaire de l'Algérie, est déterminé ainsi qu'il suit :

GRANDE TENUE.

Directeurs:
Habit bleu à 9 boutons ouvrant sur la poitrine, basques sans

retroussis, bouton en argent à aigle avec l'exergue service sanitaire-Algérie, modèle n° 10 ; (1)

Collet droit, parements ronds fermant sur le côté par 2 petits boutons ;

Broderie en argent au collet et aux parements (modèles n°° 1 et 2).

Pantalon en satin bleu avec une bande en galon argent de 40 millimètres ;

Gilet droit en piqué blanc, garni de 6 boutons d'uniforme ;

Chapeau français sauf plume, avec ganse brodée argent sur velours noir ;

Epée argentée à poignée nacre (modèle Badet ; porte-épée bleu.

Capitaines de 1re classe.

La tenue est la même que pour les Directeurs, mais le collet sera à coins brodés et les parements n'auront que la baguette (Modèles n°° 3 et 4) ;

Pantalon satin bleu avec la bande en galon soie noire..

Capitaines de 2e classe.

Même tenue que pour la 1re classe ; les parements à baguette, sauf la dent (modèles n°° 3 et 5).

Secrétaires du service sanitaire.

Même tenue que pour les capitaines de 2e classe, collet à coins de 12 c. de longueur (modèle n° 6).

Parements sans broderie.

PETITE TENUE.

Directeurs :

Tunique droite en drap bleu, fermant à volonté par 9 boutons, collet droit (modèle n° 1), parements à pointes, passe poilés orange sans broderie, derrière sur les plis 2 pattes de poches ; mêmes boutons que pour l'habit ;

Pantalon bleu à passe-poil orange ;

Gilet bleu ou blanc boutonnant par 15 grelots argentés ;

Ceinturon verni à garniture argentée ;

L'épée avec fourreau poli à belières ;

Phécy à tresse argent avec broderie, argent autour du bandeau, largeur 0 m. 026. (modèle n° 9).

---

(1) Les modèles de broderies indiquées dans l'arrêté ministériel ont été transmis aux préfets des départements algériens par le département de la guerre. Ces modèles ont été fournis par la maison BADET, de Paris.

Capitaines de 1re classe.

Même tenue que pour les Directeurs, collet à coins brodés N° 3) autour du phécy, la broderie aura 20 mill. de largeur (modèle N° 9 réduit).

Capitaines de 2e classe.

Même tenue que pour les capitaines de 1re classe, collet à coins (modèle 3, sauf baguette).

Secrétaires du service sanitaire.

Même tenue que pour les capitaines de 2e classe, les coins du collet auront 12 c. (modèle N° 7).
La broderie du phécy n'aura que 24 c. de longueur sur 20 mill. de largeur (modèle N° 9 réduit).

GARDE PRINCIPAL.

Même tenue que pour les secrétaires, ganse argent sur les épaules; les coins du collet (modèle N° 7), et la broderie du phécy seront en argent et soie orange.

Concierges du lazaret.

Tunique en drap bleu passe-poil orange, collet orange (modèle N° 8), broderie soie blanche à chaque coin, longueur 8 c., ganse orange sur les épaules ;
Pantalon drap bleu à passe-poil orange ;
Gilet bleu à boutons blancs ;
Phécy bleu passe-poilé orange, broderie soie orange de 18 c. sur 20 mill. de largeur, tresse argent sur la visière et sur la couture du bandeau ;
Ceinturons en cuir verni noir avec plaque argentée ;
1 poignard à garde argentée ;
Col noir.

Gardes de 1re classe.

Même uniforme que pour les concierges, mais le collet de la tunique sera bleu, et à chaque coin une broderie en soie orange, ganse orange sur les épaules;
Même phécy.
Une veste drap bleu, passe-poilée orange et pattes en drap orange à chaque coin, pas de ganse sur l'épaule, mais seulement un petit bouton ;
Ceinturon et poignard comme ci-dessus.

Gardes de 2ᵉ classe.

Même uniforme que pour la 1ʳᵉ classe, mais le coin du collet sera brodé en poil de chèvre orange ;

Le phécy sera entièrement poilé orange et la broderie en poil de chèvre n'aura que 12 c.

Canotiers et agents auxiliaires.

L'uniforme de ces agents auxiliaires se composera d'une veste en drap bleu passe-poilée orange, collet sans ornement,

Pantalon bleu passe-poilé orange ;

Phécy   id.   id.   broderie de 12 c. en poil de chèvre orange ;

Gilet bleu à boutons blancs.

Médecins du service sanitaire.

GRANDE ET PETITE TENUE.

L'uniforme de médecin du service sanitaire sera le même que celui des aides-majors de l'armée, sauf que les broderies seront en argent, et les boutons en argent ou en métal argenté, portant l'aigle avec l'exergue : *Service sanitaire — Algérie.*

Le pantalon sera bleu sans bande ni passe-poil.

ARTICLE 2.

L'uniforme déterminé par l'article 1ᵉʳ est obligatoire, conformément aux dispositions adoptées dans les ports de l'Empire, pour tous les agents du service sanitaire de l'Algérie, à l'exception des médecins civils attachés aux conseils de santé et aux lazarets. (1)

ARTICLE 3.

Le Gouverneur-Général de l'Algérie est chargé de la promulgation et de l'exécution du présent arrêté.

Paris, le 17 juin 1856.

Signé : **VAILLANT.**

---

(1) Cette disposition formelle de l'article 2, qui rend l'uniforme obligatoire pour tous les agents du service sanitaire de l'Algérie, a été dictée par un sentiment de dignité nationale. Il convient, en effet, que les agents du service sanitaire, qui sont les représentants de l'autorité française avec lesquels le commerce et la navigation se trouvent tout d'abord en relation à l'entrée dans les ports algériens, aient toujours aux yeux des étrangers comme aux yeux de nos nationaux une tenue convenable.

CHAPITRE III.

Instructions.

Vérifier l'état sanitaire des navires, de leurs équipages et de leurs passagers, au moment où ils arrivent dans nos ports; leur accorder, suivant les cas déterminés par les règlements, la libre entrée immédiate, ou les soumettre à une séquestration plus ou moins longue et dont la durée varie en raison du degré de suspicion de la provenance ou du danger qu'elle peut présenter pour la santé publique; arrêter, sous l'approbation de l'autorité supérieure, les règlements locaux relatifs à la police sanitaire du littoral et notamment ceux qui concernent la police des lazarets; prendre les dispositions nécessaires pour empêcher les communications suspectes, soit dans l'intérieur de ces établissements, soit au dehors; remplir, dans les lazarets et autres lieux réservés, les fonctions judiciaires déterminées par la loi du 3 mars 1822, ainsi que les fonctions d'officier de l'état civil; enfin, certifier, au moment du départ de chaque navire, l'état sanitaire du port d'embarquement, afin d'éclairer les administrations étrangères sur le régime auquel les provenances de notre pays doivent être soumises et entretenir au besoin et dans le même but une correspondance directe avec nos agents diplomatiques, telles sont, en substance, les attributions des autorités sanitaires établies sur nos côtes.

En suivant l'ordre adopté dans le règlement sanitaire international, on peut rapporter à six titres différents les règles et les dispositions que les autorités administratives ou sanitaires ont besoin de connaître et dont elles sont chargées d'assurer l'exécution. Ces titres se rapportent.

1° Aux mesures hygiéniques et sanitaires qui doivent être exécutées avant le départ des navires et à la délivrance des patentes de santé.

2° Aux soins qui doivent être observés pendant la traversée;

3° Aux mesures à prendre à l'arrivée, ce qui comprend les quarantaines, ainsi que l'installation et le régime des lazarets;

4° Au tarif et à la perception des droits sanitaires;

5° A la constitution et aux attributions des autorités sanitaires;

6° A la poursuite et à la repression des délits et contraventions en matière sanitaire et aux devoirs généraux que la législation impose à tous les citoyens et particulièrement aux fonctionnaires en ce qui touche la conservation de la santé publique.

Mais avant de passer en revue ces différents titres, il est nécessaire de rappeler quelles sont les maladies contre lesquelles le régime sanitaire a été institué. Ces maladies sont d'après l'article 1er de la convention sanitaire internationale la peste, la fièvre jaune, le choléra. Depuis plus d'un siècle, la peste ne s'est pas montrée sur le territoire français, la fièvre jaune n'a jamais existé en France à l'état d'épidémie caractérisée; il n'en est pas de même malheureusement du choléra qui depuis plus de vingt ans a déjà sévi à diverses reprises dans la métropole et dans ses colonies.

Mesures à prendre avant le départ des navires.

Les mesures relatives au départ comprennent l'observation, la surveillance et la constatation de l'état sanitaire du pays; la vérification et la constatation de l'état hygiénique des bâtiments qui en partent, de leurs cargaison et vivres, de la santé, des équipages; des renseignements quand il y a lieu sur la santé des passagers et enfin les patentes de santé et tout ce qui s'y rapporte.

Tout bâtiment doit être avant le chargement, visité par un délégué de l'autorité sanitaire, soit pour l'Algérie, par le capitaine ou le directeur de la santé, et soumis, s'il y a lieu, aux mesures hygiéniques jugées nécessaires.

Le bâtiment sera visité dans toutes ses parties, et son état hygiénique constaté.

Le chargement ne pourra avoir lieu qu'après cette visite et l'accomplissement des mesures préalables de propreté et de salubrité que l'autorité sanitaire jugera indispensables. L'autorité s'enquerra de l'état des vivres et boissons, et en particulier de l'eau potable et des moyens de la conserver. Elle pourra s'enquérir aussi des vêtements de l'équipage, et, en général, de toutes les mesures relatives au maintien de la santé à bord. Les capitaines et patrons seront tenus de fournir, à cet égard, à l'autorité sanitaire tous les renseignements et toutes les justifications qui leur seront demandés. Si l'autorité sanitaire le juge nécessaire et ne se croit pas suffisamment éclairée par le capitaine, il pourra être procédé à une nouvelle visite après le chargement du navire, afin de s'assurer si toutes les précautions sanitaires et hygiéniques prescrites ont été observées. Les hommes de l'équipage seront visités par un médecin. L'embarquement de ceux qui seraient atteints d'une affection transmissible pourra être refusé par l'autorité sanitaire.

Ces diverses visites devront être faites sans délai et de manière à éviter tout retard aux bâtiments.

A l'égard des navires portant un pavillon autre que celui des pays dans lesquels ils sont mouillés, la visite et les constatations seront faites par l'autorité sanitaire, de concert avec le consul ou l'agent consulaire de la nation à laquelle appartient le navire. Les bâtiments de la marine militaire ne seront pas assujettis aux dispositions précédentes.

Les bâtiments affectés au transport des personnes, quel que soit leur tonnage, et tous les bâtiments d'une certaine capacité ou dont l'équipage se compose d'un certain nombre d'hommes, seront tenus de se munir d'un coffre avec les médicaments les plus indispensables et les appareils les plus ordinaires pour le traitement des maladies et pour les accidents qui arrivent le plus fréquemment à bord des navire·.

L'administration sanitaire supérieure de chaque pays fera rédiger le catalogue de ces médicaments et appareils ainsi qu'une instruction détaillée sur la manière de les employer.

Seront, en temps ordinaire, dispensés de se munir d'une patente de santé : 1° les bateaux pêcheurs ; 2° les bateaux pilotes; 3° les chaloupes du service des douanes et les bâtiments garde-côtes ; 4° les navires faisant le cabotage entre différents ports du même pays, et qui seront déterminés par les règlements locaux. Chaque bâtiment ne pourra avoir qu'une seule patente.

Outre le nom du navire et celui du capitaine ou patron, et les renseignements relatifs au tonnage, aux marchandises, aux hommes d'équipage, aux passagers, etc., la patente mentionnera exactement l'état sanitaire du lieu, tel qu'il résulte des renseignements recueillis par l'autorité sanitaire, et l'état hygiénique du bâtiment. S'il y a des malades à bord, il en sera fait mention.

La patente devra contenir enfin tous les renseignements qui peuvent éclairer l'autorité sanitaire du port de destination, et la mettre à même de se faire une idée aussi exacte que possible de la santé publique au point de départ et aux environs, de l'état du navire et de sa cargaison, de la santé des équipages et de celle des passagers. Sont considérés comme *environs* les lieux en rapport habituel avec le port de départ, et faisant partie de la même circonscription sanitaire.

Lorsqu'il régnera, au point de départ ou aux environs, une des trois maladies réputées importables et transmissibles, et que l'autorité sanitaire en aura déclaré l'existence, la patente donnera la date de cette déclaration. Elle donnera de même la date de la cessation, quand cette cessation aura été constatée.

Conformément aux dispositions de l'article 3 de la convention, la patente ne pouvant être que nette ou brute, l'autorité sanitaire devra toujours se prononcer sur l'existence ou la non-existence de la maladie au point du départ. Le doute sera interprété dans le sens de la plus grande prudence, et la patente sera brute.

Sauf le système des teskérés, tant qu'il sera jugé nécessaire dans l'empire ottoman, il ne sera pas exigé de bulletins de santé individuels pour les passagers et les hommes d'équipage. Toutefois, l'autorité sanitaire pourra exiger, pour ceux des passagers dont la santé serait suspecte et pourrait

devenir compromettante, le certificat d'un médecin connu, à
ce autorisé, et il en sera fait mention sur la patente.

L'autorité sanitaire pourra même s'opposer à l'embarquement d'un passager dont la santé serait compromettante pour
les autres.

La patente de santé ne sera considérée comme valable que
si elle a été délivrée dans les quarante huit heures qui ont pré-
cédé le départ. Si le départ est retardé, la patente devra être
visée par l'autorité qui l'a délivrée, laquelle mentionnera si
l'état sanitaire est resté le même ou s'il a éprouvé quelque
changement. La patente ne cessera pas d'être considérée
comme nette lors même que dans le lazaret du pays existe-
raient un ou plusieurs cas d'une maladie réputée transmissible
et importable.

En règle générale un grand nombre de bâtiments ne seront
presque jamais dans le cas d'être soumis à une visite préalable
par les agents spéciaux de la santé: ce sont ceux qui ne doivent
pas entreprendre une longue navigation, ceux-même qui,
partant pour un voyage de long cours, seront connus pour
être convenablement installés en tout ce qui touche la salubrité; mais l'autorité sanitaire fera visiter avec soin tous les bâtiments qui lui seront désignés par le service de la marine ou
des douanes comme étant dans un état de malpropreté habituelle, tous ceux qui, par la nature de leur cargaison, la longueur de la traversée qu'ils vont entreprendre, le nombre des
passagers qu'ils prennent à bord, exigent une surveillance plus
rigoureuse comme étant dans les conditions où les maladies
graves et quelquefois confondues avec les maladies pestilentielles peuvent plus facilement se développer.

Il serait superflu d'ajouter que les bâtiments des puissances
qui ont adhéré à la convention sanitaire internationale pourront seuls être soumis aux vérifications sus-indiquées.

Suivant les renseignements qu'elle se sera ainsi procurés
l'autorité sanitaire inscrira sur la patente dont le modèle a été
donné au *chapitre* 2 dans la colonne destinée à recevoir
ce genre d'annotations, si l'état hygiénique du navire, de
l'équipage et des passagers est ou n'est pas satisfaisant;
elle s'en rapportera pour les questions relatives à la quantité et
à la qualité de l'eau, des vins et des approvisionnements à la
déclaration du capitaine du bâtiment, sauf vérification lorsqu'il
y aura lieu.

MESURES SANITAIRES PENDANT LA TRAVERSÉE.

Tout bâtiment en mer devra être entretenu en bon état d'aération et de propreté. Les bâtiments à vapeur assujettis à la
patente, qui se livrent au transport des voyageurs, seront tenus d'avoir un médecin sanitaire à bord. Ce médecin aura
pour mission spéciale de veiller à la santé des équipages et

voyageurs, de faire prévaloir les règles de l'hygiène et de rendre compte, à l'arrivée, des circonstances du voyage. Il sera tenu, en outre, de consigner avec exactitude, et autant que possible, jour par jour, sur un registre *ad hoc*, toutes les circonstances qui peuvent être de nature à intéresser la santé publique, en notant avec un soin tout particulier les maladies observées, les simples accidents même, ainsi que le traitement appliqué et ses suites.

A défaut de médecins, les renseignements relatifs à la santé seront recueillis par le capitaine ou patron, et inscrits par lui sur son livre de bord. Il sera tenu note exacte de toutes les communications arrivées en mer, pour en être rendu compte à l'arrivée.

Tout capitaine ou patron qui relâchera dans un port et y entrera en communication sera tenu de faire viser sa patente par l'autorité sanitaire et, à défaut de celle-ci, par l'administration chargée de la police locale.

En cas de décès arrivé en mer après une maladie de caractère suspect, les effets d'habillement et de literie qui auraient servi au malade dans le cours de cette maladie seront brûlés, si le navire est au mouillage, et s'il est en route, jetés à la mer, avec les précautions nécessaires pour qu'ils ne puissent surnager. Les autres effets du même genre, dont l'individu décédé n'aurait point fait usage, mais qui se seraient trouvés à sa disposition, seront immédiatement soumis à l'évent ou à toute autre purification.

Les autorités sanitaires du littoral n'ont aucune action sur les mesures qui doivent être exécutées pendant la traversée; elles peuvent seulement vérifier l'exécution de ces mesures, soit en consultant le journal de bord, soit en interrogeant le capitaine ou le chirurgien du navire. C'est un soin qu'elles ne devront pas négliger toutes les fois qu'un navire arrivera dans de mauvaises conditions sanitaires.

MESURES SANITAIRES A L'ARRIVÉE.

Tout bâtiment sera, à l'arrivée, soumis aux formalités de la reconnaissance et de l'arraisonnement. Toutefois, lorsque l'état sanitaire sera positivement sain, les navires venant d'un port à un autre port du même pays pourront, en vertu des règlements sanitaires particuliers à chaque pays, être affranchis de l'arraisonnement sanitaire. Pourront également, en temps ordinaire, être affranchies de l'arraisonnement, par voie de déclaration échangée entre les nations contractantes, toutes les provenances ou des provenances déterminées allant de l'un des deux pays dans les ports de l'autre. La reconnaissance et l'arraisonnement seront faits, en ce qui concerne le littoral algérien, par les directeurs ou capitaines de la santé. Les résultats en seront consignés sur un registre spécial.

Ainsi qu'au départ, les cas douteux, les renseignements contradictoires, seront toujours interprétés dans le sens de la plus grande prudence. Le bâtiment devra être provisoirement tenu en réserve. L'admission à la libre pratique sera précédée de la visite du bâtiment toutes les fois que l'autorité sanitaire le jugera nécessaire. Lorsqu'il existera des malades à bord, ils seront, à leur demande, débarqués le plus promptement possible et recevront les soins qu'exigera leur état. Si le navire, quoique muni d'une patente nette, et n'ayant eu pendant la traversée aucun cas de maladie, se trouvait, par la nature de sa cargaison, par son état d'encombrement ou d'infection, dans des conditions que l'agent de la santé jugerait susceptibles de compromettre la santé publique, le navire pourra être tenu en réserve jusqu'à ce qu'il ait été statué par l'autorité sanitaire. La décision devra être rendue dans les vingt-quatre heures.

Selon les conditions de la salubrité du navire, l'autorité sanitaire pourra, si elle le juge convenable, ordonner comme mesures d'hygiène :

Le bain et autres soins corporels pour les hommes de l'équipage ; le déplacement des marchandises à bord ; l'incinération ou la submersion à distance, dans la mer, des substances alimentaires et des boissons gâtées ou avariées, ainsi que des marchandises de nature organique fermentées ou corrompues; le lavage du linge et des vêtements de l'équipage ; le nettoyage de la cale, l'évacuation complète des eaux et la désinfection de la sentine ; l'aération de tout le bâtiment et la ventilation de ses parties profondes, au moyen de la pompe à air ou tout autre moyen; les fumigations chloriques, le grattage, le frottage et le lavage des bâtiments ; le renvoi au lazaret.

Quand ces diverses opérations seront jugées nécessaires, elles seront exécutées dans l'isolement plus ou moins complet du navire, selon la disposition des plages et des localités, mais toujours avant l'admission à la libre pratique.

Les bâtiments qui font le cabotage entre les ports français de la Méditerranée étant dispensés de se munir d'une patente sont affranchis de l'arraisonnement, mais non de la reconnaissance ; les bâtiments venant de l'Algérie, quoique étant rangés parmi ceux qui font le cabotage de port français à port français, restent soumis à l'obligation de se munir d'une patente de santé; mais ils seront admis sur le vu de cette patente, à moins que des circonstances particulières n'exigent qu'ils soient assujettis à des vérifications plus rigoureuses.

QUARANTAINES.

Tout bâtiment arrivant en patente brute sera déclaré en quarantaine. Pourra être mis en quarantaine tout bâtiment arrivant dans les conditions prévues par l'article 3 de la convention, qui l'assimilent à la patente brute. Nulle provenance ne pourra être mise en quarantaine sans une décision motivée. Cette décision sera notifiée immédiatement au capitaine ou patron du bâtiment. Sauf la présence à bord de la peste, de la fièvre jaune où du choléra, un bâtiment aura toujours le droit de reprendre la mer, soit avant d'être mis en quarantaine, soit en cours de quarantaine. La patente de santé lui sera rendue, s'il n'est pas arrivé au port de destination, et l'autorité sanitaire mentionnera sur cette patente la durée et les circonstances de son séjour, ainsi que les conditions dans lesquelles il repart. Un bâtiment pourra reprendre la mer nonobstant la présence à bord des maladies ordinaires. Toutefois, l'autorité sanitaire devra s'assurer préalablement si les malades pourront être convenablement soignés pendant le reste de la navigation; ceux qui voudraient rester au lazaret en auront toujours le droit. La durée de la quarantaine sera la même pour le bâtiment, les personnes et les marchandises qui y sont assujettis. Elle se distingue en quarantaine d'observation et en quarantaine de rigueur.

La quarantaine d'observation datera, pour les navires et tout ce qui se trouve à bord, de l'instant où un garde de santé aura été mis à bord et où les mesures d'aération et de purification auront commencé.

La quarantaine de rigueur datera, pour le bâtiment, les personnes et les choses à bord, du moment où les marchandises assujetties au débarquement auront été enlevées, pour les marchandises débarquées au lazaret ou dans un lieu réservé, du commencement des purifications; pour les personnes débarquées, du moment de leur entrée au lazaret. Une quarantaine commencée à bord pourra toujours être continuée au lazaret.

La quarantaine d'observation se bornera à tenir en observation, pendant un temps déterminé, le bâtiment, l'équipage et les passagers, et elle n'entraînera pas le déchargement des marchandises au lazaret. Elle aura lieu, pour les hommes, à bord du navire ou au lazaret, à la volonté des quarantenaires. Pendant sa durée, le bâtiment, tenu à l'écart et surveillé par des gardes de santé en nombre suffisant, sera simplement soumis, par mesure d'hygiène, à une aération convenable, aux lavages et aux soins de propreté générale.

La quarantaine de rigueur ajoutera à la quarantaine d'observation les mesures de purification et de désinfection spéciales qui seront jugées nécessaires par l'autorité sanitaire. La quarantaine de rigueur ne pourra être purgée, pour la peste, que dans un port à lazaret. Celle qui est imposée à un navire pour cause de malpropreté, en vertu de l'article 3 de la convention sanitaire, pourra être purgée dans une partie isolée d'un port quelconque. La quarantaine pourra être purgée dans un port intermédiaire entre le point de départ et le port de destination, et, en apportant la preuve de cette quarantaine, le bâtiment sera admis à libre pratique.

Le temps de la traversée se comptera, pour tous les bâtiments, du moment du départ, constaté par le livre de bord et attesté par la déclaration du capitaine ou patron du navire. Tout bâtiment à bord duquel il y aura eu, pendant la traversée, un cas de l'une des trois maladies réputées importables et transmissibles sera, de droit, et quelle que soit sa patente, considéré comme ayant patente brute.

S'il y a eu un ou plusieurs cas de choléra pendant la traversée ou pendant la quarantaine, cette quarantaine comptera du moment de l'arrivée et de l'exécution des mesures sanitaires ; il ne sera pas tenu compte de la traversée.

Sauf les exceptions temporaires rappelées ci-dessus, les marchandises et objets matériels de toute sorte, arrien patente nette par un bâtiment en bon état et bien tenu, qui n'a eu ni morts ni malades suspects, seront dispensés de tout traitement sanitaire et admis immédiatement à la libre pratique, comme le bâtiment lui-même, les équipages et les passagers. Sont exceptés les cuirs, les crins, les chiffons et les drilles. Ces marchandises pourront, même en patente nette, devenir l'objet de mesures sanitaires. L'autorité sera juge de ces mesures et en déterminera la nature et la durée. Sont également exceptés les marchandises et objets altérés ou décomposés. Conformément au paragraphe 4 de l'article 45, l'autorité aura le droit de les faire jeter à la mer ou d'en ordonner la destruction par le feu.

Conformément à l'article 5 de la convention, et pour l'application des mesures sanitaires, les marchandises seront rangées, à l'avenir, en trois classes :

Composeront la première et seront soumis, à ce titre, à une quarantaine obligatoire et aux purifications, savoir : les hardes et effets à usage, les drilles et chiffons, les cuirs et peaux, les plumes, crins et débris d'animaux en général, enfin la laine et les matières de soie ;

Seront compris dans la deuxième et assujettis à une quarantaine facultative, savoir : le coton, le lin et le chanvre ;

Composeront la troisième et seront, à ce titre, exempts des mesures quarantenaires, savoir : toutes les marchandises et objets quelconques qui ne rentrent pas dans les deux premières classes.

En patente brute de peste, les marchandises de la première classe seront toujours débarquées au lazaret et soumises aux purifications.

Les marchandises de la deuxième classe pourront être livrées immédiatement à la libre pratique, ou débarquées au lazaret pour être purifiées suivant les circonstances et les règlements sanitaires particuliers de chacun des pays contractants.

Les marchandises de la troisième classe, étant déclarées libres, pourront toujours être délivrées immédiatement au commerce, sous la surveillance de l'autorité sanitaire.

En patente brute de fièvre jaune, sans accident pendant la

traversée, si cette traversée a été de plus de dix jours, les marchandises seront soumises, par mesures d'hygiène, à une simple aération sans déchargement. S'il y a eu des accidents, ou si la traversée a été de moins de dix jours, les marchandises pourront être l'objet des mêmes mesures qu'en patente brute de peste, c'est-à-dire débarquées au lazaret et purifiées; mais cette mesure sera facultative et laissée à l'appréciation de l'autorité sanitaire.

En patente brute de choléra, les marchandises ne seront assujetties à aucune mesure sanitaire particulière; le bâtiment sera seulement aéré et les mesures d'hygiène, toujours obligatoires, seront observées. Dans tous les cas de patente brute, les lettres et papiers seront soumis aux purifications d'usage. Toute marchandise ou objet quelconque provenant d'un lieu sain, qui sera contenu dans une enveloppe scellée officiellement et d'une matière non assujettie aux mesures de purification, sera immédiatement admis en libre pratique, quelle que soit la patente du bâtiment. Si l'enveloppe est d'une substance à l'égard de laquelle les mesures sanitaires soient facultatives, l'admission sera également facultative.

Les animaux vivants resteront soumis aux quarantaines et aux purifications en usage dans les différents pays.

Tout bâtiment qui n'aura pas de patente, lorsque, à raison du lieu de provenance, il devrait en être muni, pourra, selon les circonstances, être soumis à une quarantaine d'observation ou de rigueur. La durée de cette quarantaine sera fixée par l'autorité sanitaire. Elle ne pourra excéder trois jours, si le bâtiment vient d'un lieu notoirement sain et s'il est dans de bonnes conditions hygiéniques. Les cas de force majeure, ainsi que la perte fortuite de la patente, seront appréciés par l'autorité sanitaire.

Toute patente raturée ou surchargée sera considérée comme nulle, et placera le navire dans les conditions précitées, sans préjudice des poursuites qui pourraient être exercées contre les auteurs des altérations. Si, pendant la durée d'une quarantaine, et quel que soit le point auquel elle soit parvenue, il se manifeste un cas de peste, de fièvre jaune ou de choléra, la quarantaine recommencera.

Toutes les décisions relatives à l'admission à libre pratique ou à la mise en quarantaine des bâtiments doivent être prises et notifiées dans le plus bref délai. Le directeur ou le capitaine de santé en tiendra note sur le registre spécial exigé par l'article 40 du règlement international.

Les règles ci-dessus développées en ce qui concerne la reconnaissance, l'arraisonnement et la mise en quarantaine sont généralement applicables aux ports de l'Océan.

Pour compléter ces instructions relatives aux quarantaines il convient d'indiquer quelles sont les conséquences de l'état de *patente brute*.

L'article 4 de la convention sanitaire internationale a distingué dans les mesures qu'entraîne ou qu'autorise l'état de patente brute, celles qui sont obligatoires pour toutes les puissances, celles qui sont facultatives pour chacune d'elles en particulier. Ainsi, pour la peste et pour la fièvre jaune, il y a une quarantaine obligatoire dans tous les ports de la Méditerranée appartenant aux puissances contractantes ; pour le choléra, la quarantaine est purement facultative, sauf le maintien des mesures d'hygiène contre cette maladie comme à l'égard des autres.

La convention a fixé aussi un maximum et un minimum de quarantaine.

Le minimum pour la peste est de dix jours pleins ; le maximum de quinze.

Le minimum pour la fièvre jaune est de cinq jours pleins, le maximum de sept jours. Dans les circonstances déterminées par le même article 4, le minimum peut être abaissé à trois jours et le maximum élevé à quinze jours.

Pour le choléra la quarantaine est facultative ; elle peut être de cinq jours pleins, y compris le temps de la traversée pour les provenances des lieux infectés, de trois jours pour les provenances des lieux voisins ou intermédiaires notoirement compromis.

LAZARETS.

La distribution intérieure des lazarets sera telle, que les personnes et les choses appartenant à des quarantaines de dates différentes puissent être facilement séparées. Des parloirs vastes et commodes permettront d'y recevoir les personnes du dehors qui voudront visiter les quarantenaires, sans préjudice des précautions nécessaires pour sauvegarder la santé publique. Des bâtiments ou corps de bâtiments seront affectés, dans les lazarets, au service des malades. Ils seront disposés de manière à permettre la séparation des malades et à assurer en même temps les meilleures conditions d'hygiène, notamment l'aération. Il est interdit de se mettre en communication directe et immédiate avec les personnes et les choses suspectes, ou réputées telles, qui sont en quarantaine. Outre les peines portées par les lois et règlements, quiconque aura été en contact avec ces personnes ou ces choses sera déclaré en quarantaine et considéré comme faisant partie de la même provenance, sauf les exceptions que l'autorité sanitaire croirait pouvoir admettre, et dont elle sera juge. Tout lazaret doit être pourvu d'eau saine, en quantité suffisante pour tous les besoins du service. Il y aura dans chaque lazaret, ou dans ses dépendances, un endroit convenable destiné aux inhumations.

Les ports et les endroits réservés, affectés à la quarantaine des navires, les lazarets destinés à celle des passagers et des marchandises, et les établissements quarantenaires en général,

s eront placés sous l'autorité immédiate des administrations sa
nitaires. Il y aura dans chaque lazaret un chef ou agent responsable, des employés en nombre suffisant pour assurer la
discipline sanitaire, et des gardes de santé chargés d'exécuter
ou faire exécuter les mesures prescrites. Un médecin sera attaché au lazaret pour visiter et soigner les quarantenaires, et
pour concourir par ses conseils à l'exacte exécution des mesures sanitaires. Les malades recevront dans les lazarets, sous
le rapport religieux et médical, tous les secours et tous les
soins que l'on donnerait à des malades ordinaires dans les
établissements hospitaliers les mieux organisés, sauf à consti-
tuer en quarantaine les médecins et les personnes compro-
mises. La faculté est laissée à chaque malade de se faire trai-
ter par un médecin de son choix, autre que celui du lazaret ;
mais, dans ce cas, la visite du médecin étranger aura lieu en
présence et sous la surveillance du chef du lazaret. Ce médecin devra faire chaque fois, par écrit, son rapport sur l'état
de la maladie. L'administration enverra néanmoins, de temps
en temps, son propre médecin pour visiter le malade, afin de
connaître la nature de la maladie. Les personnes dont l'état
de pauvreté sera constaté par l'autorité sanitaire seront non-
seulement admises, mais encore nourries et traitées gratuitement dans les lazarets.

Chaque lazaret aura un tarif établi par l'autorité et revisé
trimestriellement, dans lequel le prix des vivres sera réglé au
taux le plus modéré. Les meubles et effets de première nécessité à l'usage des quarantenaires leur seront fournis gratis par
l'administration, immédiatement après leur entrée au lazaret.
Les visites sanitaires du médecin seront gratuites. Les quarantenaires ne payeront que les soins étrangers au service sanitaire.

Les marchandises seront déposées dans des magasins spa-
cieux et parfaitement secs ; elles y seront soumises à la libre
circulation de l'air et remuées de temps en temps. Les balles
et les colis seront ouverts, afin que l'air y puisse pénétrer.

Cette aération sera continuée durant toute la quarantaine.
Les marchandises appartenant à des quarantaines différentes
seront séparées les unes des autres et placées, autant que possible, dans des magasins différents. Les peaux, les cuirs, les
crins, les drilles et chiffons, les débris d'animaux, les laines et
matières de soie seront placés dans des endroits éloignés des
chambres occupées par les quarantenaires, ainsi que des lo-
gements des employés. En cas d'infection notoire, de malpropreté ou d'altération, ces matières, et les marchandises en
général, pourront être soumises à tel moyen de purification
que l'autorité sanitaire jugera nécessaire. Les substances ani-
males et végétales en putréfaction ne pourront jamais être reçues dans les lazarets ; elles seront brûlées ou jetées à la mer.
Il y aura dans chaque lazaret des magasins destinés au dépôt
des marchandises purifiées.

Les effets des passagers devront être, pendant la durée de la quarantaine, exposés à la ventilation dans des pièces séparées et appropriées à cet effet, sous la surveillance des gardiens. L'autorité sanitaire veillera à ce que cette opération ne soit négligée dans aucune circonstance. Les effets à usage, le linge et tout ce qui aurait servi aux personnes mortes ou atteintes de peste devront être soumis à des purifications plus sévères : aux fumigations de chlore, à l'immersion dans l'eau de mer, à l'action de la chaleur, selon les circonstances et la nature des objets. Il en serait de même dans le cas de toute autre maladie contagieuse. Les lettres et les dépêches seront purifiées de manière à ce que l'écriture ne soit pas altérée. Cette opération aura lieu en présence du chef du lazaret.

Le droit est réservé aux consuls ou représentants des puissances étrangères d'assister à l'ouverture et à la purification des lettres et dépêches qui leur seront adressées, ou qui seront destinées à leurs nationaux. Le même droit est réservé à l'administration des postes.

La France possède sur la Méditerranée cinq lazarets : ceux de Marseille, Toulon, Cette, Ajaccio et Alger. Les deux premiers peuvent être considérés comme des établissements modèles.

Le lazaret d'Alger, installé depuis 1847, dans un bâtiment voisin du fort Babazoun a été organisé de manière à répondre aux éventualités morbides en vue desquelles il a été jugé nécessaire. Cet établissement dirigé aujourd'hui par un capitaine de santé, possède vingt-cinq chambres avec le mobilier et la literie indispensables pour les quarantenaires, indépendamment du logement du capitaine et des agents subalternes ; de la salle des bains, de la cuisine, etc.

L'administration a reconnu que le bâtiment affecté au lazaret d'Alger ne pouvait plus utilement convenir à cette destination : 1° parce qu'il se trouve maintenant en raison des constructions faites au port d'Alger, contigu à la jetée sud ; 2° parce qu'il est sur le passage d'une route très-fréquentée au milieu d'un quartier (celui de l'Agha) qui s'accroît chaque jour. Il ne se trouve donc plus dans les conditions d'isolement prescrites par les règlements en vigueur. Ces considérations ont déterminé le ministre de la guerre à prescrire la recherche d'un autre emplacement pour le lazaret d'Alger.

D'un autre côté, et en exécution d'une décision ministérielle du 14 décembre 1855, confirmée par l'arrêté du 23 mars 1856, deux lazarets vont être créés l'un à Bône, l'autre à Arzew, et remplacer d'une manière définitive les lazarets provisoires qui n'avaient été créés dans les deux provinces d'Oran et de Constantine qu'aux époques d'épidémies.

Le point maintenu de Bône semble bien choisi pour le lazaret de la côte est. En effet, Bône est le point le plus rapproché des échelles du Levant avec lesquelles nous entretetions des relations importantes. Un lazaret placé au fort Génois sera là à sa place naturelle.

Pour la côte ouest, le point d'Arzew est également très-favorable. Arzew a un bon mouillage que les navires vont chercher volontiers, et l'emplacement désigné à peu de distance du fort de la Pointe paraît convenable à tous égards.

Ces deux lazarets de Bône et d'Arzew seront installés d'après les ordres du ministre de la guerre, pour répondre aussi complétement que possible, bien que sur une base économique à tous les besoins du service sanitaire. Des parloirs vastes et commodes, des bâtiments affectés au service des malades, des magasins pour les marchandises, de l'eau saine en quantité suffisante, telles sont les conditions premières que devront comporter ces établissements pour satisfaire aux prescriptions réglementaires de la convention internationale.

Droits sanitaires.

TARIF.

Les droits qui étaient perçus en France pour les dépenses du service sanitaire se composaient; 1° d'un droit fixe pour la délivrance de la patente de santé; 2° d'un droit de visa pour les navires en relâche; 3° d'un droit de reconnaissance pour les navires arrivant dans un port français. Il y avait en outre, pour les navires soumis à une quarantaine, des droits relatifs à la quarantaine des navires et des passagers, des droits de purification des marchandises dans les lazarets.

Pour arriver autant que possible à l'uniformité dans les droits sanitaires et pour n'imposer à la navigation dans les pays appartenant aux puissances contractantes que les charges nécessaires pour couvrir simplement leurs frais la convention sanitaire internationale a établi article 7, 1° que tous les navires arrivant dans un port paieront sans distinction de pavillon, un droit sanitaire proportionnel à leur tonnage; 2° que les navires soumis à une quarantaine paieront en outre un droit journalier de station; 3° que les personnes qui séjourneront dans les lazarets paieront un droit fixe pour chaque journée de résidence dans ces établissements; 4° que les marchandises déposées et désinfectées dans les lazarets seront assujetties à une taxe au poids et à la valeur.

Seront exemptés du payement des droits sanitaires déterminés par l'article 7 de la convention : 1° les bâtiments de guerre; 2° les navires en relâche forcée, même lorsqu'ils sont admis à la pratique, pourvu qu'ils ne se livrent à aucune opération de commerce dans le port où ils abordent; 3° les bateaux pêcheurs 4° les navires dispensés de l'obligation de se munir d'une patente; 5° les enfants au-dessous de sept ans et les indigents embarqués aux frais du gouvernement de leur pays ou d'office par les consuls.

Ce tarif a été étendu aux ports français de l'Océan, afin de maintenir le principe d'uniformité qui est celui de notre législation en matière sanitaire, principe qui est ici parfaitement fondé en raison, puisqu'il s'agit de subvenir à des dépenses qui sont d'un intérêt commun pour le commerce et la navigation.

Autorités sanitaires.

Sauf les dispositions particulières relatives à l'organisation sanitaire de l'Orient, et conformément à l'article 8 de la convention qui place les autorités sanitaires sous la direction immédiate du gouvernement, ces autorités doivent être établies partout sur une base uniforme et se composent d'un conseil local et d'un agent responsable du gouvernement.

En Algérie le Conseil de santé n'existe qu'au chef-lieu de la circonscription sanitaire. Son institution dans les autres ports eût été, comme on l'a déjà fait remarquer, sans objet, puisque le capitaine de santé qui y réside agit sous l'impulsion et d'après les instructions du Directeur de la santé de la circonscription.

Attributions du Conseil sanitaire.

Le Conseil exerce une surveillance générale sur le service sanitaire. Il a spécialement pour mission d'éclairer le Directeur et de lui donner des avis sur les mesures à prendre en cas d'invasion ou de menace d'invasion d'une maladie réputée importable ou transmissible; de veiller à l'exécution des règlements généraux ou particuliers relatifs à la police sanitaire. Il devra être consulté sur toutes les questions administratives et médicales et il concourt avec le Directeur à la préparation des règlements locaux ou intérieurs.

Le Conseil se réunit périodiquement à des époques déterminées, il est convoqué extraordinairement toutes les fois qu'une circonstance relative à la santé publique l'exige.

En France comme en Algérie le nombre des réunions périodiques des Conseils sanitaires est fixé par le Préfet. L'expérience a prouvé qu'il y avait des inconvénients à rendre ces réunions trop multipliées.

S'il y a dissidence dans le sein du Conseil, les délibérations sont transmises à l'autorité supérieure qui est représentée en Algérie par le Gouverneur général.

Directeur.

Le Directeur est le chef du service actif; il en a la responsabilité. Tous les employés de sa circonscription reçoivent ses instructions directes. Il veille à l'exécution des lois et règlements sanitaires. Il reconnaît ou fait reconnaître l'état sanitaire des bâtiments qui arrivent. Il délivre ou fait délivrer les patentes de santé à ceux qui partent; il a la direction et la surveillance des lazarets et ports de quarantaine. Il prépare les règlements locaux. En Algérie le Directeur est placé sous l'autorité directe du Préfet et il doit lui soumettre toutes les mesures que commanderaient des circonstances exceptionnelles.

Capitaine de santé.

Le Capitaine de santé en Algérie est le chef du service sanitaire du port secondaire où il réside. Il reçoit des instructions directes du Directeur de la santé de sa circonscription et se trouve placé sous les ordres de l'autorité civile ou militaire administrant la localité; il veille à l'exécution des lois et règlements sanitaires. Il reconnaît l'état sanitaire des bâtiments qui arrivent. Il délivre les patentes de santé à ceux qui partent. Il est chargé de constater les contraventions par procès-verbal, d'avertir et d'informer le Directeur dont il relève, et en cas d'urgence, l'autorité locale de tout ce qui peut intéresser la santé publique.

Capitaine du lazaret.

En Algérie c'est un capitaine de santé auquel est confié le soin de la police intérieure du lazaret; il est placé sous les ordres immédiats du directeur de la santé et il le tient informé de tout ce qui survient dans le lazaret. Dans les cas non prévus par les règlements, il attend ses ordres pour agir; si pourtant il y a urgence, il emploie les mesures préalables qu'il juge appropriées aux circonstances, tout en se réservant d'en rendre compte ultérieurement.

Secrétaire.

Le soin des archives et la tenue de toutes les écritures, registres, procès-verbaux, patentes de santé, etc., etc., rentrent dans ses attributions. Il est placé sous les ordres immédiats du Directeur.

Gardes de santé.

Les gardes de santé procèdent sous les ordres des capitaines de santé à l'exécution de toutes les mesures sanitaires prises à bord des bâtiments ou dans l'intérieur des lazarets. Le garde principal d'Alger supplée au besoin le capitaine de santé ou l'assiste dans ses fonctions.

Règlements locaux.

Conformément aux instructions de M. le ministre de la guerre, les conseils de santé des trois provinces d'Alger, d'Oran et de Constantine ont été chargés de concourir avec le Directeur à la préparation des règlements locaux ou intérieurs.

Il s'agit ici exclusivement des règlements locaux qui déterminent dans chaque port tout ce qui n'est pas du ressort des règlements généraux, les devoirs et les attributions des agents secondaires, les limites des lieux réservés, l'indication des mouillages, la police extérieure des ports de quarantaine et des lazarets, etc. Ces règlements seront faits par le directeur de la santé qui les soumettra au conseil pour avoir son avis. Les règlements ainsi préparés seront transmis au préfet qui les soumettra à l'examen de M. le gouverneur-général chargé de les déférer à l'approbation du ministre, en les accompagnant de ses propres observations.

Inspection du service sanitaire.

Le gouvernement s'est réservé le soin de régler ultérieurement le service de l'inspection sanitaire instituée par l'art. 8 de la convention sanitaire internationale, selon le mode qui sera jugé le plus convenable. Les autorités sanitaires seront tenues de fournir à l'inspecteur qui sera désigné, tous les renseignements qu'il pourra leur demander et de lui communiquer tous les documents intéressant le service sanitaire, toutes les pièces, tous les registres dont la garde leur est confiée.

Répression des délits et contraventions en matière sanitaire.

La convention et le règlement sanitaire international ont laissé à chacune des puissances contractantes le soin d'assurer suivant la législation qui lui est propre l'exécution des prescriptions contenues dans ces deux actes. Il n'est donc rien innové à ce qui est prescrit quant à la poursuite et à la répression des délits et contraventions en matière sanitaire par la loi du 3 mars 1822 et par le titre III du décret du 24 décembre 1850.

Dispositions particulières à l'Orient.

Outre les dispositions sanitaires communes et applicables à tous les pays signataires de la conférence, la Turquie-d'Europe et la Turquie d'Asie ainsi que l'Egypte seront aux termes du règlement sanitaire international l'objet de dispositions particulières destinées à prévenir le développement de la peste. Ainsi, une loi spéciale sera promulguée par le Sultan pour assurer l'existence et régler les attributions des autorités sanitaires de son empire et en particulier du conseil supérieur de Constantinople.

L'intendance sanitaire d'Alexandrie, composée des mêmes éléments et établie sur les mêmes bases que le conseil supérieur de Constantinople aura des droits et des prérogatives semblables.

Dispositions relatives à l'Amérique.

Quant à l'Amérique, et à nos possessions sur la côte occidentale d'Afrique, c'est le Ministre de la marine qui reste chargé des moyens d'y assurer, dans une forme appropriée aux exigences du service, l'exécution des dispositions prescrites par l'article 137 du règlement sanitaire international, ainsi conçu.

« Dans les pays sujets à la fièvre jaune, qui appartiennent aux puissances signataires de la convention et où ne serait pas établi déjà un service médical régulier, il sera institué par les soins des gouvernements respectifs des médecins sanitaires pour y étudier cette maladie, son mode de production et de propagation, rechercher les moyens de la prévenir et de la combattre, en signaler l'apparition aux autorités et constater sa cessation; pour y remplir enfin officiellement, à l'égard de la fièvre jaune, la mission qu'accomplissent à l'égard de la peste es médecins sanitaires de l'Orient. »

En terminant, nous devons rappeler ici les termes des instructions générales du Ministre de l'agriculture, du commerce et des travaux publics, qui font connaître l'esprit même dans lequel elles ont été conçues.

« Le régime sanitaire, dit cette circulaire, maintenant établi
» en France n'est pas définitif; la convention sanitaire inter-
» nationale n'a été conclue que pour cinq années; dans cette
» période l'expérience fera connaître s'il est utile et néces-

» saire d'y apporter des modifications. Des changements pour-
» ront être aussi introduits dans notre législation sanitaire
» pour la rendre plus conforme aux principes qui ont dicté
» les nouvelles dispositions de cet acte international. Le mo-
» ment n'est donc pas venu de rédiger un règlement général
» qui puisse remplacer toutes les ordonnances, tous les dé-
» crets qui ont été publiés jusqu'à ce jour en matière sanitaire
» et présenter quelques chances de durée. »

Ajoutons qu'en ce qui concerne l'Algérie, le régime des arrêtés ministériels rendra plus promptes et plus faciles à introduire les modifications que l'expérience et la pratique pourront
conseiller dans l'interprétation et l'exécution des règlements
sanitaires.

Paris. — Imprimerie de Schiller, aîné, 11, rue du Faubourg-Montmartre.

TABLE DES MATIÈRES.